持名念佛修淨業

淨土信仰的持名念佛與斷惡修善

淨土法門之至簡至捷，雖全在持名念佛，
並切望得到佛力的加持。
只是這「入手容易，成就高」的法門，
實非有口無心即可當生成辦。

大安法師──著

目錄

㈦、念佛應防魔⊙235

序淨土信仰持名念佛與斷惡修善

吳明興

魏磊居士在《淨土信仰與極樂世界》一書中，已爲你輯錄並譯注了上至佛經，下至當代大德有關淨土信仰的緣起，以及摹狀你已經想要前往的西方淨土的情狀的教說，且將淨宗自初祖慧遠大師至十三祖印光大師的傳略，彙編在一起，相信這對「未信生信，已信堅信」的你，必定能發揮積極的心理建設的作用。也就是說，它能使你生起前往極樂世界的信心和憬仰的道念，而具有「地圖」的功用。

當你看過「地圖」之後，便已經明白，到達極樂淨土的捷徑是什麼?於是乎你決定親自前往，而不願坐在家中守著電視，像看「世界奇觀」的影片那樣就算了。因此，你開始著手收拾行裝，在一番東摸西摸之後，你將立刻若有所思的發現，根本不必攜帶什麼行李，即使連牙刷也免了。於是本具佛性的你，頓然覺悟，原來已經被你複印在心版上的「地圖」就是「船票」，就是《淨土信仰——因果事理與菩提願心》。

所以你便在覺悟的同時，顯露了自蔽於生死浪海的菩提心，進而把這信願的「資糧」，老老實實的在身、口、意上，綿綿密密、紮紮實實的辦備起來。最後，只要再在《淨土信仰——持名念佛與斷惡修善》的實踐上，自己發給自己一本只要自己為自己簽證便可以暢行十萬億佛國土的「護照」。如此一來，你就可以安心的等待最佳的時機，安安心心的走向人生最完美的「碼頭」，然後安安心心的搭上足以讓衆生永世出苦的「飛船」，去到阿彌陀佛的極樂國，並且在精進的願行中，接受阿彌陀佛親自為你蓋上出離六道的最後一枚圖章——授記。如此這般，便功德具足大事成辦了。

民國八十五年四月十日在芳川

王序

王　新

佛教法門很多，歸納起來不出聖道、淨土二門。前者是指行人專憑自己的禪觀念誦等修證，叫做自力；後者是指行人依靠信願持名，仰仗彌陀的宏願接引生西，稱做他力。比方人們旅居遠方欲返，自力就是步行，一步一步地回歸；他力則是辦妥乘坐先進交通工具的手續，走上和依靠先進的交通工具返家，既省力，又迅速。所以弘揚淨土的佛典十分宏富，古德對此謂之「功高易進」法門。

佛陀開的淨土法門，實爲指點教法的最終歸宿。古印度龍樹、無著和世親諸菩薩先後出世，開中觀、瑜伽行兩大學系，一本佛陀意旨，前者著《十住毗婆沙論》，後者作《往生論》，倡導淨土作歸宿處。大教東漸，漢代開始翻經，即有淨土譯典問世。東晉竺法曠（西元三二七～四〇二年）首先吟詠和講誦《無量壽經》，接著，慧遠大師（西元三三四～四一六年）於廬山般若臺精舍彌陀像前，與同道一百二十三人供齋發願，結社念佛，共期生西。至南北朝東魏的曇鸞大師（西元四七六～五四二年）、唐道綽大師（西元五六二～六四五年）和善導大師（西元六一三～六八一年）先後倡導淨土時，此教已普遍地弘傳開來；尤其是善導大師著重提倡持名專修，使淨土教像風馳電掣般地發展，幾成「家家阿彌陀，處處觀世音」的境地。此後，乃至於今，代有高賢提倡，成爲我國禪、教、律、密的共同指歸，以至淨宗被衆推尊共有一十三祖。這就是淨土文化在我國流行的史略。

佛典很多，但能對它深入研究而登堂入室者少；諒由其義蘊深隱，入門非易。魏磊居士宿植德本，善根深厚；精研佛典，探究淨宗文化。以「千經萬論，處處指歸」之旨，用淨土三經一論作基幹，尤其是《佛說大乘無量壽莊嚴清淨平等覺經》即善本《無量壽經》，精心敬選摘錄了四十餘部經典和一百一十餘部論著的淨土言教，按照淨土緣起、極樂依正莊嚴和往生資糧的次第，逐段提要或簡介論述，擇難注釋，把原文譯成語體，彙編成三册，集淨土要義之大成，而爲讀者易閱易入之作。並且句句出乎經論，字字都有依據，得此一部，即能系統地了解淨土的真意，掌握住到達寶所的捷徑。此書即將付梓問世，誠望讀者人人受益，終究同登淨域，庶符佛陀的慈悲本懷，也滿編譯者的深切心願。承囑爲序，粗述其源流和願望，以饗讀者。

一九九四年元月

前言：淨宗文化的歷史與現狀

總述

在我國源遠流長的文化寶庫中，淨宗文化以其世出世間的色調而別具一格。淨土宗作爲佛教五大宗之一，自古迄今，都在我國人民的心靈世界，產生著或直接或間接的影響力。唐代那種「家家阿彌陀、戶戶觀世音」的盛況，說明了淨土宗在我國民間的普及程度。

淨宗文化獨特的超越性與廣泛的民間性、鮮明的他域性與濃厚的本土化，奇妙地融合在一起，這是耐人尋味的。在我國文化面向現代並日趨匯入世界主流文明的今天，我們對淨宗文化作深入的理性觀照，是不乏理論價值與現實意義的。

淨土宗是信仰諸佛及其淨土之存在，現在仗蒙佛陀的慈悲願力的攝護，死後期望往生淨土之存在，在大乘經論中，雖然說明十方世界有無量無數諸佛及其佛淨土，並在各自的佛土教化衆生（諸如藥師佛的東方琉璃世界，阿閦佛的妙喜淨土，彌勒的兜率淨土等），但是，唯有有關阿彌陀佛的經典佔絕對多數。因此，自古以來，阿彌陀佛的西方極樂世界，就成爲淨土宗的代表。

淨土是清淨、莊嚴、平等，沒有垢染的國土。這種淨土既不是儒家所設想的大同世界，也不是基督教的天國。淨土經論對西方極樂世界的種種境況有詳盡的描述，西方淨土的莊嚴殊勝實在不可思議。泛泛讀過，容易給人留下天方夜譚的感覺，然用心靈去體會時，方能領略其中些許神韻。幾千年來，西方極樂世界爲那麼多人（上至帝王將相，下至販夫走卒）所虔誠嚮往，所夢寐以求，就不是簡單地以一句「精神避難所」所能概括的。

爲什麼淨土法門在佛法中，佔有如此重要的地位，而得到佛教徒們普遍的信仰呢？這個問題有必要從社會心理、人的生存境況、終極關懷、身心結構等諸方面作綜合的探討。原因很多，但其中主要的一條也許是：在現實的人生中，人們受著種種的痛苦（生、老、病、死等八苦）逼迫所產生的一種自然現象。人們渴望痛苦的解脫，希望在現世心靈有個安全的寄託，死後的生命，有永恆的歸宿。正像客旅他鄉，日暮有投宿的地方一樣。阿彌陀佛正是感知到脆弱的衆生這種內心的需要，便創設了西方極樂世界，來濟度那些流浪生死、無法作主的衆生。正是由於阿彌陀佛的慈悲願力的感化與衆生內在需求的趨迫，才使淨土法門受到佛教徒們的普遍信仰與修學，西方淨土也成爲大小乘學者所共同趨向的理想世界。

淨宗文化的起源

淨宗文化可從下列三個方面溯源：

一、由生天思想導出

《大智度論》云：「聲聞法（指小乘佛法）中說念欲界天；摩訶衍（指大乘佛法）中說念一切三界天。行者未得道時，或心著人間五欲，以是故佛說念天。若能斷淫欲，則生上二天界中，若不能斷淫欲，即生六欲天中。」

這是佛陀對那些沒有得道或眷戀五欲的人，所開施的方便教法。佛陀教弟子們皈依三寶，就是三念（念佛、念法、念僧）的法則，再加上念戒（憶念戒行功德）、念施（憶念布施功德）與念天（念天的富樂，而修布施持戒的善業），成爲六念處。

由於三念中有念佛的思想；六念中有生天的思想；再由生天的思想，演變成爲往生的思想；進一步更由念佛思想與往生思想的結合，形成念佛往生淨土的思想。在佛經中往生淨土的記載，肇始於兜率內院的彌勒淨土。這就是念佛、念天、生天而演變成爲往生淨土的開端。由此，我們可以看出：淨土文化淵源於根本佛教的時代。

二、原始佛教的展開

淨土救濟的思想，從佛陀的本懷中流出。《雜阿含經》與《增一阿含經》中有這樣的法語：「向佛走去一步，也有無量功德」；「念三寶可以除恐怖」；「被迫供佛，也能六十劫不墮惡趣。」在《那先比丘經》裡，更進一步說：「人雖有本惡，一時念佛，用是不入泥梨（指地獄）中，便生天上。」

原始佛教對淨土思想，有一個逐步深化明朗的過程，由生天而引出求生當來下生佛（指彌勒菩薩）的兜率天；由本界佛的淨土而引出他方佛的淨土；由佛的本生譚而引出佛的本願力。西方淨土便是阿彌陀佛的四十八願所成就的。可見，釋迦牟尼佛雖然沒有在《阿含經》等小乘佛典中明確說到西方淨土，但是，阿彌陀佛淨土的思想，確係由釋迦牟尼佛的本懷中流出。

三、外來思想的激發

淨土的他力救濟思想，雖然在原始佛經中存在，但在沒有遇到外來思想的激發前，尚未受到應有的重視。在小乘佛教中，側重於憑自力修行，斷惑證真，了生卻死。

後來，來自希臘、波斯等北方民族的宗教信仰對佛教衝擊頗大。爲了擴大佛教的包容性，同時也爲了接引更多的異教徒皈信佛教，因而，對異教的思想便不能不考慮其價值。他力救濟的祈禱崇拜是一切有神教的共性，佛教不信有神，但在佛的本願力中，也確實含有他力救濟的功能。所以，那先比丘見了希臘的彌蘭陀王，便說念佛可以生天。到了馬鳴菩薩的時代，阿彌陀佛淨土的思想已經出現，淨土經典由口頭傳誦而被結集成經書時，便是西方淨土的時代化與現實化。

淨土思想雖可溯源於佛陀時代，但淨土經典的具體成立，則在大乘佛教初期《華嚴經》、《妙法蓮華經》之後。在原始佛教與部派佛教時代，淨土的信奉者主要是在家衆。正當以出家僧團爲主，並領導整個佛教的情形下，淨土思想自然就不甚彰明了。所以，在小乘經典中只能窺到淨土的些許微光。但是，傳到中國的主要是大乘佛教，所以，我們在漢文佛語中常能讀到佛陀對西方淨土的諸多贊嘆與開示，形成「千經萬論，處處指歸」的態勢。由此，我國的民衆，對阿彌陀佛與觀世音菩薩（西方淨土的候補佛）有著廣大而深切的崇敬。

淨土經典：三經一論

佛教東漸，淨土的經論也隨之傳譯。闡述西方淨土的經典，主要有三經一論。它們是：

《佛說阿彌陀經》（簡稱《小本彌陀經》）

《佛說大乘無量壽莊嚴清淨平等覺經》（簡稱《大本彌陀經》）

《佛說觀無量壽佛經》（簡稱《觀經》）

《無量壽經優婆提舍願生偈》（簡稱《往生論》）

以上的三經一論，專談淨土，是淨宗的根本經論。近代印光大師將淨土經典總括爲五經一論。即在三經一論的基礎上增加了《楞嚴經・勢至菩薩念佛章》與《華嚴經・普賢菩薩行願品》。

一、三經一論的譯本

《大本彌陀經》傳來我國最早，翻譯最多。自漢迄宋，共有十二種譯本。宋元而降，僅存五種。它們是：

㈠、《無量壽清淨平等覺經》（漢譯）
㈡、《佛說諸佛阿彌陀三耶三佛薩樓佛檀過度人道經》（吳譯）
㈢、《無量壽經》（魏譯）
㈣、《無量壽如來會》（唐譯）
㈤、《佛說大乘無量壽莊嚴經》（宋譯）

五種譯本中，魏譯流通最廣，然古今祖師大德均認爲各種原譯本皆有不完善之處，諸如，經文的缺漏、文辭的晦澀等。

爲補原譯本的不足，自宋迄今，又出現了四種會集本，它們是：

㈠、《大阿彌陀經》（宋國學進士龍舒王日休校輯）
㈡、《無量壽經》（清菩薩戒弟子彭際清節校）
㈢、《摩訶阿彌陀佛》（清菩薩戒弟子承貫邵陽魏源會譯）

㈣、《佛說大乘無量壽莊嚴清淨平等覺經》（現代菩薩戒弟子鄆城夏蓮居會集）

這四種會集本中，夏蓮居居士會集的《佛說大乘無量壽莊嚴清淨平等覺經》被中外公認為善本，夏蓮居老居士，於民國二十一年，發願重校此經，力踵前賢，誓為善本，掩關三載，稿經十易。遍採五種原譯，洞察三家校本。無一語不詳參，無一字不互校。文句精義，悉本原譯，而流暢自然，渾若天成。這個會集本的問世，為淨土宗在當代的弘揚，貢獻甚巨。

《小本彌陀經》，有四種原譯本，二存二缺。

㈠、《佛說阿彌陀經》（姚秦三藏法師鳩摩羅什譯）

㈡、《稱讚淨土佛攝受經》（唐三藏法師玄奘譯）

這兩種譯本，大體相同，稍有出入。鳩摩羅什的譯本流通最廣。

《觀無量壽經》有三種原譯本，現僅存畺良耶舍的譯本。

《往生論》，世親菩薩造，菩提流支譯，目前正在流通。

二、三經一論的宗旨

㈠、《佛說阿彌陀佛》，是佛在舍衛國祇樹給孤獨園，為大智舍利弗拈出，經中直指西方極樂世界。勸勉大衆生信發願持名，蒙佛接引，往生西方淨土。「執持名號，一心不亂」，是這部經的宗旨。自古以來，這部經典列爲叢林日課，爲各宗各派所仰信。

㈡、《佛說大乘無量壽莊嚴清淨平等覺經》，是佛在王舍城耆闍崛山中的法會上宣說。主要內容有：阿彌陀佛的因地修行，四十八願，西方極樂世界的依正莊嚴。其第十八願：「我作佛時，十方衆生，聞我名號，至心信樂，所有善根，心心迴向，願生我國，乃至十念。若不生者，不取正覺。惟除五逆，誹謗正法。」「十念往生願」，是阿彌陀佛的根本大願，也是淨宗的根本教理。本經的心要即是「發菩提心，一向專念」。

㈢、《佛說觀無量壽佛經》，是佛在摩竭提國王宮中，爲國太夫人韋提希所說。經中宣示了淨宗修持的理論與方法。包括淨業三福、十六妙觀，以及三輩九品的境界等。「是心作佛，是心是佛」，是本經的心要，也是佛教八萬四千法門的心要。

㈣、《往生論》，是世親菩薩修學淨宗的心得報告。世親菩薩將西方極樂世界歸納爲三種功德莊嚴：佛土功德莊嚴、佛功德莊嚴、菩薩功德莊嚴，這三種功德莊嚴濃縮到一句佛號中，所以，佛號即是真實智慧無爲法身。世親菩薩開示的「五念行門」的修持方法，甚爲精要。

淨土宗在我國的弘傳

中國淨土宗是上承印度大乘佛教，吸收對諸佛及其淨土的信仰，尤其是對阿彌陀佛西方淨土的信仰而成立的。

佛教向我國的傳佈，約在前漢哀帝時代。在這之後，印度的僧人攜梵經陸續來華。後漢靈帝光和二年（西元一七九年），支讖譯出的《般舟三昧經》、《佛說清淨平等覺經》，成爲淨土教傳來的先聲。接著吳支謙、西晉竺法護等翻譯《大阿彌陀經》、《平等覺經》。姚秦鳩摩羅什、劉宋寶雲、畺良耶舍等譯出《阿彌陀經》、《十住毗婆沙論》、《無量壽經》、《觀無量壽佛經》等。

隨著淨土經典的相繼翻譯與流佈，信奉淨土宗的人日漸增多。最初發願求生西方淨土的有西晉的闕公則（據記載，他往生後回來給道友們報信），其後，追隨發願往生者相續不絕。《高僧傳》載：東晉潛青山竺法曠（西元三二七～四〇二年）：「每以《法華》爲會三之旨，《無量壽》爲淨土之因，常吟詠二部。有衆則講，獨處則誦。」

其中最負盛名的是東晉的慧遠大師（西元三三四～四一六年），他在廬山結白蓮社，與大衆共同精修念佛三昧，以見佛往生爲目的。據史料記載，參加蓮社的一百二十三人中，大多數人有往生的瑞相。這在當時乃至後世，都產生了巨大的影響。由此，慧遠大師被後人推崇爲中國淨土宗的開山祖。

在魏晉南北朝、隋唐之際，淨土宗的弘傳進入黃金時代。出現了「家家阿彌陀，戶戶觀世音」的盛況。淨宗二祖善導大師在長安弘揚淨土法門，化緣極盛，城中隨處都能聽到念佛的聲音。這一方面是當時處於離亂的時代，人們亟望解脫，同時也與帝王將相、文人學者的倡導有關。我國歷代有許多文人雅士，諸如謝靈運、李商隱、白居易、蘇東坡、袁宏道、魏源、龔自珍等，與淨土宗都有很深的因緣。

自晉迄今，專專弘淨宗的祖師大德，代有傳人。淨宗祖師凡有十三位，他們是：慧遠大師（西元三三四～四一六年）、善導大師（西元五六二～六四五）、承遠大師（西元七一二～八〇二年）、法照大師（西元七六七～八二一年）、少康大師（西元？～八〇五年）永明大師（西元九〇四～九七五年）、省常大師（西元九五九～一〇二〇年）、蓮池大師（西元一五三五～一六一五年）、蕅益大師（西元一五九九～一六五五年）、截流大師（西元一六二八～一六八二年）、省庵大師（西元一六八六～一七三四年）、徹悟大師（西元一七三七～一八八〇年）、印光大師（西元一八六二～一九四〇年）。淨土宗的歷代祖師並不是像他宗的法系那樣有前後傳承的關係，而是由後人根據其人的道行以及弘揚淨土法門的貢獻來推舉公認的。

淨土宗自宋代以後，便成爲佛教各宗各派共同信仰的中心。經元、明、清，乃至現代，莫不如是。各宗諸師或仿廬山慧遠大師的遺風，結蓮社普勸道俗念佛；或著述章疏典籍，廣泛地弘傳淨土；或講解經論兼弘淨宗，志歸淨土；或日課專念佛號，作觀禮懺，以期往生。近代的印光大師爲中興淨土宗，厥功甚偉。而夏蓮居的會集本《佛說大乘無量壽莊嚴清淨平等覺經》一經問世，中外響應，風起雲湧。中國大陸、臺灣、香港、新加坡，乃至美國、加拿大等紛紛成立淨宗學會或念佛社，淨宗在世界各地，一時蔚成大觀。

淨土宗在當代的隆盛，亦與佛教的法運相關。《像法決疑經》云：「本師（指釋迦牟尼佛）滅度，正法五百年，持成得堅固，像法一千年，坐禪得堅固；末法一萬年，念佛得堅固。」《大集經》又云：「末法億億人修行，廉一得道，唯依念佛得度生死。」近代的高僧大德從時教相應的角度，弘揚淨土宗，自然容易收到一呼百應的效用。

淨土資糧：信、願、行

淨宗修持的三個必要條件是信、願、行。「資糧」的含義是：正如出門旅行得預備錢糧一樣，往生西方淨土也得預辦「錢糧」，否則就去不了。信、願、行就是往生西方極樂世界的資糧。可見，信願行在淨宗修學中的重要性。

一、生信

對於修學佛法來說，信是非常重要的前提。經云：「信為道元功德母。」信是道的本元，一切功德之母；因為從信才能生出一切功德。又說：「佛法大海，信為能入，智為能度。」這就是說，必須先具備信心，才能深入佛法之海。若無信心，縱然廣讀佛書，也只是將佛法作為一門世間學問來研究而已。

就淨土宗來說，生信就更為緊要。因為淨土法門是二力法門，即以自己的信力感應佛力的接引，生到西方淨土（側重他力本願）。如果不具備「信」，就如同沒有調頻的收音機，不能接收到電波頻率一樣。

淨土法門在佛的八萬四千法門中，屬於難信之法，玄奘大師判淨土法門是「極難信之法」。佛陀在多年的弘法佈道中，也屢次提到這點；因而，常常苦口婆心地勸進大衆，樹立信心。淨土法門難信，但卻易行，功效殊勝。凡夫只要至心執持名號，發願往生，就能滿願；一經往生，便能圓證三不退（位不退、行不退、念不退），一生究竟成佛。

由於淨土法門的契理契機與功效卓異，所以，淨宗的歷代祖師大德均致力培植衆生的信心。翻閱這些祖師們的撰述，其中有相當的篇幅在做「破疑生信」的工作。可見，生信這一關是多麼的難以透過！

如何才能建立信心，正信的内涵是什麼呢？淨宗九祖蕅益大師曾將正信歸納爲六個方面（參見《阿彌陀經要解》），現分述如下：

㈠、信自

相信我現前一念真心，本來就不是身内的肉團假心，也不是攀緣分別的第六意識；這一念真心在時間上無始無終，在空間上橫遍十方，十方無量世界原是我一念心中所變現的物體。我雖然迷惑顛倒，但只要一念迴光返照，專持佛號，決定得生自心本具的極樂世界。所謂：「唯心淨土，自性彌陀。」

㈡、信他

相信釋迦牟尼佛決不會説欺誑語，阿彌陀佛的四十八大願，願願圓滿，不會虛發。十方諸佛伸出廣長舌相同聲贊嘆，句句真實。因而，排除疑慮，依教奉行。

㈢、信因

相信善惡因果報應真實不虛，相信散亂稱念佛名，猶爲成就佛道的種子，如果一心執持名號，決定得生西方極樂世界。

㈣、信果

深信西方淨土，都是諸上善人聚會一處。這些上善人都是從念佛三昧中得以往生的。猶如種瓜得瓜、種豆得豆，依因感果，果不離因。有念佛之因，必定得往生淨土之果，功無虛棄。

㈤、信事

相信由於一念心性不可窮盡，依心所現的十方世界也不可窮盡。在離這個世界十萬億佛土之外，實有阿彌陀佛的西方極樂世界，不是天方夜譚，也不是莊子寓言。

㈥、信理

深信西方極樂世界，是我現前一念心性所顯現的影像。我心與佛心，交融互攝。念佛即是佛念。

具足上述六信，才是真信，才是正信。淨宗十祖截流大師曾說：「如果沒有真信，縱然念佛修善，但不能往生到極樂世界。來世生到富貴人家享福，在享福的時候必定造業。既造惡業，必受果報。所以，用正眼觀之，沒有正信的念佛人，比闡提（斷善根的人）與旃陀羅（以屠殺為業的惡人）的受報，只是在時間上稍緩一步而已。」可見，正信在淨土法門中至爲重要。

二、發願

「願」在淨宗修持中，也是不可或缺的一環。蕅益大師曾指出：「往生西方淨土的關鍵，就是信願。能否往生，就看你有沒有信願，而再生品位的高下，則取決於念佛工夫的深淺。」

願的內容很直截，就是厭離娑婆世界，欣求西方極樂世界。發願基於如下兩點，第一、對娑婆世界的八苦（生、老、病、死、怨憎會、愛別離、求不得、五陰熾盛）有深切的體察，對極樂世界的殊勝莊嚴有真實的信向。因而，以西方淨土的樂來對比娑婆世界的苦，就會油然生起厭離心；就像厭離坑廁、厭離牢獄那樣。居娑婆世界的苦境來遙想西方淨土的美妙，就會油然生起欣慕心，就像回歸故鄉，奔向皇宮那樣。

第二、爲了實現救度衆生的大悲心，應當發願往生淨土。經論中常說，初發心菩薩，忍力未曾成就，是沒有能力度化衆生的。必須往生到西方極樂世界證得道果後，才有能力回入生死海，濟度衆生。這裡涉及到發菩提心的問題。菩提心就是上承佛道、下化衆生的心，是大慈大悲普度衆生的宏誓願心。淨土宗特別重視發菩提心。《大本彌陀經》的宗旨就是「發菩提心，一向專念」。如果不發菩提心，只是爲了自己往生到西方淨土去享福，按曇鸞大師在《往生論注》中的說法，這種念佛人，是決定不能生到西方淨土的。

如果能從這二方面契入，便有可能發起真切的往生西方淨土的願。信深願切，才能做到：「萬緣放下、一念單提，隨願往生。」

三、持名念佛

信願具備後，持名念佛就是正行。概括的說，念佛有四種方法，即：持名念佛、觀像念佛、觀想念佛、實相念佛。歷代祖師大德從契理契機的角度，在末法時期，專倡持名念佛。

持名念佛法爲何最爲殊勝呢？因爲，阿彌陀佛的名號是萬德洪名，衆生念這個名號，就能召來名號中的萬德。念念相續，就能轉凡心爲佛心。即便工夫未到，也能蒙佛的願力加持，帶業往生。

在佛的八萬四千法門中，唯有持名念佛法門能夠廣泛攝受種種根機的衆生，上至文殊、普賢，下至五逆、十惡，都能契合這個法門。淨土法門下手易而功效高，〈念佛圓通章〉說：「若衆生心，憶佛念佛，現前當來必定見佛，去佛不遠。」說明持名念佛就是從衆生心下手，就是從我們現在念佛的這個心，就這樣一聲接一聲的念佛，就必定見佛。根利的衆生，當下就能見佛（明心見性），就與佛相去不遠。無怪乎古德常說：「明珠投於濁水，濁水不得不清；佛號投於亂心，亂心不得不淨。」這句佛號投入我們心裡面，亂心就不得不立即清淨了，直截了當，不可思議。

由此，蕅益大師贊嘆持名法門是：「方便中第一方便，了義中無上了義，圓頓中最極圓頓。」近代的印光大師也說：「九界衆生，捨此（持名念佛）則上無以圓成佛道；十方諸佛，離此則下無以普度羣萌。一切法門，無不從此法界流；一切行門，無不還歸此法界。」對持名念佛贊嘆到了極處。

信、願、行在淨土法門中，相輔助相成，不可或缺。由信啓願，由願導行，行則將信願具體化。如三足之鼎，一而三，三而一。

淨宗文化與現代社會

從進化論的觀點來看，一種歷史悠久的文化，隨著時間的推移，會日漸去其現實的有用性，而將被更高形態的文化所取代。然而，當我們冷靜地審視淨宗文化與現代社會諸種關係時，便會發現：淨宗文化不僅沒有落伍於現代文明，而且能夠與現代文明並行不悖，相得益彰。下面，本文擬就淨宗文化與現代社會三個敏感方面的關係，略作闡述。

一、淨宗文化與現代科技

在一般人看來，淨宗文化即便不是封建迷信，也至少是有悖於科學精神的。然而，這一觀念在當代西方科學家掀起的「東方哲學熱」當中，受到挑戰。前幾年《科學畫報》發表一篇短文，題目是〈科學思想的無價之寶〉。文中介紹有許多研究高能物理以及生命科學的第一流科學家，把佛教思想看為寶物。日本科學家松下真一說：「這實在很奇怪，正是現代物理學（元質點論）的真理，並用實驗加以證明，這和古代的佛教思想的具體表現一樣，不是令人驚嘆嗎？」

淨宗文化與現代的自然科學對宇宙圖式的認識，具有越出常規思惟的貼近。諸如：愛因斯坦「物質是由場强很大的空間組成」的論點與「色不異空，空不異色」的佛理；現代物理學所闡明的「宇宙萬物以幾何方式交織於十一度時空空間」與西方淨土、華藏世界所描述的多層次緣起的宇宙模式；時空的相對性與一念萬念，須彌納芥子的境界；光速、心力及佛力的對襯等，均對我們顯示出淨宗文化與現代自然科學相互印證的奇妙圖景。

美國物理學家F・卡普拉在其《物理學之道》（中譯本名《現代物理學與東方神祕主義》）中寫道：「古老的宗教典籍《華嚴經》與現代物理學的理論之間，有著驚人的相似性。」而淨宗第一經——《佛說大乘無量壽莊嚴清淨平等覺經》，歷來被稱爲中本《華嚴經》。因爲這部淨土經典具足《華嚴經》事事無礙法界的十玄門。並且，這二部經典有內在的關聯。譬如，《華嚴經》的末後，普賢菩薩以十大願王導歸西方極樂世界。所以，古德曾評判：《華嚴經》是《大乘無量壽經》的導引。

可見，淨宗文化與現代科技文明不僅不相悖，而且有助於現代尖端科技的發展。從某種意義上說：科學愈發展，淨宗文化也愈昌明。在不遠的將來，淨宗文化與現代科技有可能融合並進。淨宗文化爲現代科技提供啓示與先導，現在已顯端倪。

二、淨宗文化與生態環境

隨著全球性的現代化，在帶來日新月異的物質文明的同時，生態環境問題也日益嚴峻。諸如：工業化城市上空迷漫的煙霧，江海湖泊中生物的減少甚至滅絕；森林的大量砍伐，草原的沙漠化，全球性的「溫室效應」，以及核輻射的污染等等。這種種的問題向我們昭示：我們只有一個地球，我們如何與地球和諧共存？

科學家們創造了「生物圈」這個概念來描繪地球、大氣和海洋。而生命就在其中形成，人只有依賴生態系統才能生存。相處和諧，才能與生態系統形成良性互動，否則，便會兩敗俱傷。

例如，在如何處理核放射性廢物問題上，原來曾設想可以安全地將這些廢物倒進海洋的最深處，以爲在那樣的深度下，不會有生命存在。然而，前蘇聯所作的深海考察否定了這個假想。無論在什麼地方，只要有生命，放射性物質就會被吸收到生物圈裡。當一種有機體餵入另一種有機體，放射性物質便攀登上生命的階梯回到人體內。

生態環境的日益惡化，其癥結在於人類日趨膨脹的物欲和自我中心主義。要有效地解決生態環境危機，就得從根治人類的這兩種病根著手，淨宗文化在這方面能開出一劑良方。

淨宗文化看重人性的健全發展，把生產勞動視爲一項克服自我中心同時也獲得生存所必需產品的活動。它著重於人的「解脫」，而不推崇效率至上，淨宗文化並不反對生活享受（西方淨土就有種種勝妙的享受），而是反對對生活享受的貪戀。因此，淨宗文化崇尚簡樸與非暴力。主張應以較低的消費獲得高度的滿足，使人們的生活不至感受强大的生存壓力與緊張。

由於奉持簡樸的消費觀念，人們就會通過適度地使用自然資源來滿足自己的生存需要。與自然界保持一種和諧的關係。而那些奉持高消費觀念的人們，則容易肆意地掠奪揮霍自然資源。如果當地物資資源有限，便容易造成敵視，甚至戰爭。

在對待自然萬物方面，淨宗文化平等地對待一切生物。我們不僅不能害彼生命以滋養自己，而且還應與一切生物保持一種友善共存的關係。對無知覺的礦物、樹木花草等，也應當抱持平等的恭敬態度。因爲從終極意義上說：「情與無情，同圓種智。」為了人類的生存，可以合理地使用再生資源。如木材、水力、植物、蔬果等，而對於非再生物資，如煤、石油等，只在萬不得已的情況下才動用。而且必須十分愛惜地使用，如果過度揮霍便是一種暴力行為。

淨宗文化的「依正不二」觀念認為：外部的自然環境與人文環境（依報）與我們的身心（正報）具有同構對應的關係。心淨則土淨，心穢則土穢。透過生態環境危機，亦可測度人類日趨險惡的心態。要想擁有一個「純淨的地球」，就得首先致力於清除人類內心的貪、瞋、癡三毒，否則，一切良好的期待終會落空。

三、淨宗文化與世界和平

自有人類以來，人類一直生活在戰爭的陰影與恐怖中。尤其是今日的人類生活在核武器的火山口上。據科學家測定，現存的核武器的能量可以幾十次地炸毀地球。全世界每人平均有近三噸的核彈像達摩克利斯劍懸在頭上。科學家們估計：一場爆炸總量為一百億噸以上的全面核戰爭，便能導致地球的「核冬天」，並最終毀滅這個地球上的人類。

英國科學家邁克爾・羅文——羅賓森曾有過如下的預測：

在我看來，未來將會有兩種可能的前景。一種前景是：在下一世紀某一時候，可能會早一些而不是晚一些，宇宙中有智慧的生命將會泯滅。第二種前景是：將來數百萬年以後的某一天，某個其他文明世界偶然發現地球及其所擁有過的奇蹟般的生命，發現人類短暫文明的遺物，就像考古學家偶然發現圖騰墓一樣。①

面對西方科學家的這種預測，我們作何感想呢？四十多年前，愛因斯坦說過：「原子裂變改變了世界的一切，但沒能改變人類的思惟方式。因此，人類正在走向空前的災難。」這位曾建議羅斯福總統製造原子彈的大科學家，說出這種言語，想必心情十分沈痛。

愛因斯坦的這番話，倒是給我們一個啓示：要避免核子戰爭的災難，就得改變人類的思惟方式。將人類的思惟方式從貪欲、掠奪、仇怨、自我中心的泥潭裡拔出來。對此，淨宗文化能有作爲。

佛陀洞察這個世界的衆生，在貪、瞋、癡三毒的驅迫下，會造種種的罪惡。佛陀曾作如是的開示：

世間諸眾生類，欲為眾惡、強者伏弱，轉相克賊、殘害、殺傷，迭相吞噉，不知為善，後受殃罰。②

這些愚癡的衆生種了惡因，自然避免不了苦報：

故有自然三途（畜生、餓鬼、地獄），無量苦惱、輾轉其中，世世累劫，無有出期，痛不可言。③

所以，佛陀以無限的慈悲心教化衆生，要我們以慈悲心、平等心、公正心待人接物，以謙遜忍辱心來化解這個世界的沈重。要深信因果，斷惡修善，改過自新，這樣必然會感得善果，造成天下太平的盛世。即經中所描述的：

佛所行處，國邑、丘聚靡不蒙化。天下和順，日月清明，風雨以時，災厲不起，國豐民安，兵戈無用，崇德興仁，務修禮讓，國無盜賊，無有怨枉，強不陵弱，各得其所④。

可見，淨宗文化的「和順」思想，有利於世界和平。並與孔子的「禮之用，和爲貴」的思想，有異曲同工之妙。這些「和順」、「和諧」、「貴和」思想的弘揚，亦是對世界文明的重大貢獻。對日漸被邪惡浸染的社會機體，不啻爲一强大的解毒劑。

淨宗文化與我國道德重建

我國自倡行現代化以來，國人的價值觀念，生活方式發生了巨大的變化，社會進步有目共睹。同時也應看到，市場經濟衝擊下的我國社會呈現著前所未有的道德無序狀態。從冷漠自私到見死不救；從權錢交易到貪污受賄；從僞劣商品到敲詐勒索；從短斤少兩到公開綁票；從賣淫嫖娼到拐賣婦女等等，不勝枚舉。

種種事實使我們尖銳地意識到：能否重建（復興？）當代中國道德文化，不僅關係到我國市場經濟與現代化的發展，而且更關係到我們這個文明古國的存亡盛衰。

導致我國道德淪喪的原因衆多。其中最根本的一條就是：現代中國人不信因果，甚或嘲笑因果。認爲誠實就是傻瓜，作惡就是聰明。在這種心態的支配下，便肆無忌憚，胡作非爲。即便有法律禁令，他也要鋌而走險：「没抓到算我運氣，抓到了算我倒霉。」可見，社會道德的危機，首先是植根於衆人們道德心態的敗壞，價值觀念的顛倒。

我國傳統道德文化在整飭人們的道德心理方面，是立足於善惡因果報應之上的。諸如「積善之家，必有餘慶；積不善之家，必有餘殃」（《周易》），「君子有三畏：畏天命、畏大人、畏聖人之言」（《論語》），「天網恢恢，疏而不漏」（《老子》）等。善惡因果報應思想，能夠勉勵人們明因慎果，正心誠意，砥礪自己的道德人格。心存「舉頭三尺有神明」的觀念，就會自覺地檢束自己的行爲。甚至自己的舉心動念，也力求充滿善意。可以說，這種個體的「慎獨」精神，就是社會道德的基石，更是社會機制得以良性運轉的保證。

淨宗文化對善惡因果報應給予了更爲透徹的說明，佛陀教化剛强難化的衆生，就是從因果下手的。佛陀常說，由於世間人民的善惡業力不同，果報亦呈複雜格局。但是，善因得善報，惡因得惡報，「萬有因果律」真實不虛。善惡因果報應並不是佛陀爲了嚇唬我們，憑空捏造的勸善之言，而是有其真實的內涵。讓我們來讀一段佛陀的開示：

天地之間，五道分明，善惡報應，禍福相承，身自當之，無誰代者。善人行善，從樂入樂，從明入明；惡人行惡，從苦入苦，從冥入冥。誰能知者，獨佛知耳。教語開示，信行者少，生死不休，惡道不絕，如是世人，難可具盡。⑤

這段經文的大意是：在這個世界上，天、人、畜生、餓鬼、地獄這五道的因果報應，清楚明白。作善得福，造惡得禍，禍福相倚，苦樂相繼，都是自作自受，沒有誰能夠替代。善人行善，能夠從快樂進入更殊勝的快樂；從智慧進入更高的智慧。惡人造惡，將會從苦痛加劇到更慘的苦痛；從愚癡滑入更深的愚癡。這些善惡報應，唯有佛才清楚明了。佛苦口婆心地教化眾生，開示因果報應的道理。然而，相信並修行的人少。因而，這些眾生輪轉生死，墮入惡道，無有窮盡，這樣的世人，舉目皆是，無法陳說。

佛陀在指明善惡因果真相後，教誨衆生要受持五戒（不殺生、不偷盜、不邪淫、不妄語、不飲酒），並且要孝養父母，奉事師長。斷惡修善，努力完善自己的人格。

在現實社會，人們所深惡痛絕的邪惡行爲，大多不越出殺、盜、淫、妄以外。如果有更多的人奉持這五戒（即儒家的仁、義、禮、智、信），我國的社會道德風氣不就會大爲改善嗎？

淨宗文化的基本教理之一是：「心淨則土淨。」如果我們每個人都從內心洗滌自己邪惡的垢染，代之以慈悲、忍讓、平等、利他之心，那麼，我們這個社會當下就是「人間淨土」。可見，明信因果是我國道德重建的一塊必不可少的基石。這亦是淨宗文化對重建我國道德文化的積極貢獻所在。

以上，對淨宗文化的歷史和現狀勾勒了一個簡略的輪廓。淨宗文化在現代的命運，是一個很值得探究的問題，希望這篇膚淺的小文，能起到拋磚引玉的效果。

注釋：

①、《火與冰——核冬天》邁克爾．羅文——羅賓森，北京，中國人民大學出版社，西元一九九〇年版。

②、《佛說大乘無量壽莊嚴清淨平等覺經》。

③、④、⑤、同上。

淨土資糧——行

㈠、持名念佛

執持名號，往生西方淨土

舍利弗！若有善男子、善女人，聞說阿彌陀佛，執持名號，若一日、若二日、若三日、若四日、若五日、若六日、若七日、一心不亂。其人臨命終時，阿彌陀佛與諸聖衆，現在其前。是人終時，心不顛倒，即得往生阿彌陀佛極樂國土。

《佛說阿彌陀經》

說明：信願持名，一日至七日，乃至一念至十念，便能蒙佛及聖衆接引，往生極樂國土，圓成佛道，何其直捷簡易！所以，古今的大德都說：「末法衆生不修持這個法門，非愚即狂。」

語譯：佛告訴舍利弗：「若是有善男子、善女人，聽到有人說起阿彌陀佛的名字，就念起阿彌陀佛來。或是一日、或是二日、三日、或是四日、五日、六日、七日，念到他一個心，專門在佛上邊，不夾雜絲毫的別種念頭。那個念佛的人，臨命終時，阿彌陀佛與許多的菩薩，都顯現在他的面前來了。這個人到了命快終了的時候，心裡頭清清楚楚，不會顛倒迷惑。一定立刻就能夠往生到阿彌陀佛的西方極樂世界去。」

一行三昧法門

佛言：「法界一相，繫緣法界，是名一行三昧。若善男子、善女子，欲入一行三昧，應處空閑，捨諸亂意，不取相貌，繫心一佛，專稱名字。隨佛方所，端身正向。能於一佛念念相續，即是念中，能見過去、未來、現在諸佛。何以故？念一佛功德無量無邊，亦與無量諸佛功德無二。若得一行三昧，諸經法門，皆悉了知。」

《文殊所說般若經》

說明：文殊菩薩智慧第一，文殊菩薩特別提倡念佛的名字。可見，唯有大智慧的菩薩，才能體會到這點，而佛也正教化這個。

語譯：釋迦牟尼佛說：「法界平等一相，心念專注法界，就叫做一行三昧。倘若善男子、善女人，願欲證入一行三昧，應當利用空閑時間，安坐下來，捨離散亂的意念；不作觀想，把心集中在一尊佛上，專門稱念佛的名號。隨著佛的方所，端身正坐。能對一佛念念相續無間，就能在念念之中見到過去、未來、現在一切諸佛。為什麼呢？因為念一佛功德無量無邊，跟念無量無邊諸佛的功德沒有兩樣。若能證得一行三昧，所有經書的一切法門，就能全部清楚明了。」

持誦佛名，得無量歡喜

若有得聞無量壽如來名者，一心信樂，持誦諷念，當起廣遠無量歡喜，安立其意。令使真諦十萬億信心，念斯如來，其人當得無量之福。永當遠離三途之厄。命終之後，皆當往生彼佛剎土。

《稱揚諸佛功德經》

語譯：倘有衆生，聽聞到阿彌陀佛的名號，應當一心信受愉樂，持誦諷念阿彌陀佛名號，應當生起廣大深遠無量的歡喜心，安穩確立念佛往生淨土的意願。令以眞實堅固的十萬億信心，稱念阿彌陀佛。這樣的念佛人便能得到無量的福德，永遠當得遠離三途（血途、刀途、火途）的厄難。命終之後，都能往生到西方極樂世界。

十日十夜得念佛三昧

西方安樂世界，今現有佛號阿彌陀。若有四衆能正受持彼佛名號，堅固其心，憶念不忘。十日十夜除捨散亂，精勤修習念佛三昧。若能令心念念不絕，十日之中必得見彼阿彌陀佛，並見十方世界如來及所住處。唯除重障鈍根之人，於今少時所不能睹。一切諸善皆悉迴向，願得往生安樂世界。垂終之日，阿彌陀佛與諸大眾現其人前，安慰稱善，是人即得往生。《阿彌陀鼓音聲王陀羅尼經》

語譯：西方極樂世界中，現今有佛，號阿彌陀。倘若四眾（比丘、比丘尼、優婆塞、優婆夷）能眞正信受持念阿彌陀佛名號，堅固其信心，憶佛念佛不忘失。十日十夜捨除散心亂意，精勤修習念佛三昧。倘若心心念佛憶佛，晝夜相續不間斷，那麼，十日之中必定能夠見到阿彌陀佛，並能見到十方世界諸佛及其道場。唯有業障重、根機鈍的人除外。這些業障重的人暫時不能見到阿彌陀佛，應生大慚愧心。一切善行全都迴向眾生，發願往生西方極樂世界。這樣，臨命終的時候，阿彌陀佛與諸聖眾顯現在這人面前，安慰稱善，這人即得往生到西方極樂世界。

往生咒

拔一切業障根本得生淨土陀羅尼：

南無阿彌多婆夜、哆他伽多夜，哆地夜他、阿彌利都婆毗，阿彌利哆、悉耽婆毗、阿彌利哆、毗迦蘭帝、阿彌利哆、毗迦蘭多，伽彌膩、伽伽那、枳多迦利、娑婆訶。

若有善男子、善女人，能誦此咒者，阿彌陀佛常住其頂，日夜擁護，無令怨家而得其便。現世常得安穩，臨命終時，任運往生。《阿彌陀鼓音聲王陀羅尼咒》

語譯：可以拔除一切業障的根本，能夠生到淨土去的咒（咒是佛的祕密語，無從翻譯，只照梵語的聲音念）：

倘有善男子、善女人，如能恆常誦持此咒的話，無論日間夜間，阿彌陀佛常常住在這個人的頭頂上保護他，不放那同他有怨仇的人害他。在這個世界上的時候，常常保護他安安穩穩，等到壽命終了的時候，就可以接引他往生到西方極樂世界去。

專修專念，成就萬德

若欲念阿彌陀佛速生淨土者，要須三業成就。第一、心惟有信，第二、口惟有念，第三、身惟有敬。不問有人無人，尊卑老少，晝夜常不懈慢，名爲敬成就。不議他人長短，說食數寶，惟口念佛聲聲不絕，名爲念成就。若成就者，萬病皆瘥，不假世間醫藥；萬善自成，不假世間經教，頓能成就。其萬善成者，非是己能，亦非修行力，乃是三寶之力。

善導大師：《念佛鏡》

語譯：倘若希望念阿彌陀佛，速生西方淨土的人，必須成就三業（身、口、意）。第一、內心只有深信；第二、口專念佛；第三、身專禮佛。無論有人無人，尊卑老少，白天黑夜，常不懈慢，這就叫做敬成就。不議論他人的長短，不談玄說妙，口裡專念阿彌陀佛，聲聲不絕，這就叫做念成就。倘有能夠達到敬成就和念成就的修行人，不必服用世間醫藥，萬病都能痊癒；不必閱讀世間經教，萬善自會成就。頓時能夠成就其萬種善德的，不是自己的能力，也不是自己的修行力，而是佛、法、僧三寶的加持力。

專修持名，萬修萬人去

問曰：何故不令作觀，直遣專稱名號者，有何意耶？

答：眾生障重，境細心粗。識颺神飛，觀難成就。是以大聖悲憐，直勸專稱名字，正由稱名易故。相續即生，若能念念相續，畢命爲期者，十即十生，百即百生。何以故？無外雜緣，得正念故，與佛本願相應故，不違教故，順佛語故。若捨專念修雜業者，百中希（稀）得一、二，千中希得三、四，何以故？乃由雜緣亂動，失正念故，與佛本願不相應故，與教相違故，不順佛語故，繫念不相續故，樂近雜緣，自障障他往生正行故。

善導大師：《念佛鏡》

說明：有人問道：為什麼不教人觀想念佛，而直接叫人專稱佛名，這是什麼意思呢？

答：眾生業障重，淨土境界微妙精細，眾生的心意粗劣，神識飄揚，情志紛飛，觀想難以成就。所以，釋迦牟尼佛悲憐眾生，直接勸導我們專稱佛號。這是因為持名念佛容易成就，持名念佛，相續不斷，就能往生到西方極樂世界去。倘若能夠念念相續，盡其一生念佛的眾生，十人念佛則十人往生，百人念佛則百人往生。

為什麼呢？這是因為沒有外境雜緣的干擾，因而能夠得到正念；因為能與阿彌陀佛的本願相應；因為沒有違背佛的教導；因為順從佛的法語，所以能夠往生。倘若捨棄專一念佛，又間雜著修其他的法門；那麼，能夠往生的百人中難得一、二人，千人中難得三、四人。這是什麼緣故呢？這是因為緣境雜多，意亂神動，因而失掉了正念；因爲與阿彌陀佛的本願不相應；因爲與佛的教導相悖；因爲不順從佛的法語；因爲念佛的淨念不能相續；因爲樂意接近雜亂緣境，障礙自己同時也障礙他人往生的正行。

至誠懇惻，念佛往生

汝今當發大願，願生極樂，然後至誠懇惻，稱於阿彌陀佛。必使聲緣於心，心緣於聲。聲心相依，如貓捕鼠，久久不失，則入正憶念三昧。更欲上進，當廣參知識，博詢高明、自悟即心是佛妙諦。汝今當具深信，慎毋學彼庸流，聞而不受；更莫學彼半真半假、半疑半信之徒，名雖受，而無誠心奉行也。覺明妙行菩薩：《西方確指》

說明：覺明妙行菩薩係西方極樂世界來此土應化有緣衆生的菩薩。此土有八人好道術，喜扶乩，覺明妙行菩薩臨壇教化他們，宣說淨土法門。爾後，指示他們撤收乩壇，老實念佛，期生淨土。覺明妙行菩薩的法語由菩薩戒弟子常攝會集。

語譯：你如今應當發大願，願往生西方極樂世界；然後至誠懇惻，稱念阿彌陀佛。必須使聲音緣於心，心緣於聲音，聲與心相依。譬如貓捕老鼠，久久不退失，便能進入正憶念三昧。如欲更求道業的長進，應當多參學善知識，廣泛地請教高明的老師。自己覺悟即心是佛的玄妙眞諦。你如今應當具足深信，千萬不要學那些庸俗之人，他們聽聞到淨土法門而不信受；更不要學那些半眞半假、半疑半信的人，他們名義上雖然信受淨土法門，實際上並無誠心奉行。

修淨業最忌夾雜

大凡修淨土人，最忌是夾雜。何謂夾雜？即是又諷經、又持咒、又做會、又好說些沒要緊的禪、又要談些吉凶禍福、見神見鬼的話，都是夾雜也。既夾雜，則心不專一；心不專一，則見佛往生難矣！卻不空費了一生的事？你如今一概莫做，只緊緊持一句阿彌陀佛，期生極樂。日久功成，方不錯卻一生。覺明妙行菩薩：《西歸直指》

語譯：大凡修淨土的人，最忌諱的是夾雜。什麼叫做夾雜呢？即是又誦經、又持咒、又做法會、又喜歡說些沒要緊的禪、又要談一些吉凶禍福、見神見鬼的話；這些都算是夾雜。既然有夾雜，則心不專一；心不專一，則難得往生西方極樂世界見阿彌陀佛。如果這樣，豈不空費了一生的大事？你如今一概不做他事，只緊緊把持一句阿彌陀佛，期望往生西方極樂世界。日久功夫成就，方能不致錯過一生。

一佛一經，萬慮俱忘

大抵修淨業人，行住坐臥，起居飲食，俱宜西向，則機感易成，根境易熟。室中止一佛、一經、一爐、一桌、一牀、一椅，不得放一多餘物件。庭中亦宜掃除潔淨，使經行無礙。要使此心一絲不掛，萬慮俱忘，空洞洞地，不知有身，不知有世，並不知我今日所作是修行之事。如是則與道日親，與世日隔，可以趨向淨業。

覺明妙行菩薩：《西方確指》

語譯：一般來說，修淨業的人，行住坐臥，起居飲食，都應西向。這樣做的話，機感容易成就，根境容易成熟。室中只供一尊阿彌陀佛、一部《阿彌陀經》、一個香爐、一張桌子、一張牀、一把椅子，不得放一多餘的物件。庭院中也應掃除潔淨，以使經行念佛暢通。

念佛時，要使此心了無牽掛，萬慮俱忘。空洞洞地，不知有身體，不知有世界，也不知我今日所做的是修行的事。這樣，便與道日漸親切，與世俗日漸隔離，由此可以趨向淨業。

持名念佛，最爲契機

切不可謂持名一法淺近，捨之而修觀像、觀想、實相等法。夫四種念佛，唯持名最爲契機。持至一心不亂，實相妙理，全體顯露。西方妙境，徹底圓彰。即持名而親證實相，不作觀而徹見西方。持名一法，乃入道之玄門，成佛之捷徑。今人教理觀法，皆不了明。若修觀想實相，或至著魔；弄巧成拙，求升反墮。宜修易行之行，自感至妙之果矣。

印光大師：《印光法師文鈔》

語譯：切不可認爲持名念佛一法淺近。捨此法而修觀像念佛、觀想念佛、實相念佛等法門。這四種念佛中，唯有持名念佛最爲契機。持名至一心不亂，則實相妙理全體顯露，西方淨土的微妙境界徹底圓滿彰顯。以持名念佛而親證實相理體，不作觀想而徹見西方極樂世界。持名念佛一法，是入道的玄門、成佛的捷徑。今人的教理和觀法皆不明了，假若修觀想念佛、實相念佛、或者導致著魔，弄巧成拙，求升反墮。應當修持易行的法門，自然會感應至妙的道果。

十念法門

每日清晨服飾已後，面西正立，合掌。連聲稱阿彌陀佛，盡一氣爲一念，如是十氣，名爲十念。但隨氣長短，不限佛數，唯長唯久，氣極爲度。其佛聲不高不低，不緩不急，調停得中，如此十氣，連續不斷，意在令心不散亂，專注精一爲功故。

遵式大師：《往生淨土懺願儀》

語譯：每日清晨，嚴整服飾後，面西正立，合掌。連聲稱阿彌陀佛，盡一口氣爲一念，這樣念十口氣，名爲十念。但只隨氣長短，不限佛號的數目，時間的長短，佛號的多少，以盡一口氣爲限。念佛聲要不高不低，不緩不急，調停適中，如此十氣，連續不斷，意在令心不散亂，專注精一爲功夫。

十念法門，普攝羣機

淨土之說，有理有迹。論其理，則見於日用之間，而未嘗離；論其迹，則見於早晨一茶之頃，而不必終日泥，十念法門是也。蓋修持法門有九品，人人皆可以修。雖罪惡之人，佛亦不棄。回心向善，則爲善矣。故此十念法門，人皆可以通行。譬如久爲暗室，一燈照之，則爲明矣。故雖殺牛屠馬之人，放下屠刀，亦可以修。所以修者不難，亦不妨一切俗事。故在官不妨職業，在士不妨修讀，在商賈不妨販賣，在農人不妨耕種，在公門不妨事幹，在僧徒不妨參禪。凡一切所爲，皆不相妨。

王日休：《龍舒淨土文》

說明：王日休：宋代居士，龍舒（安徽）人。性端靜簡潔，博通經文。一日捐之說：「是皆業習，非究竟法，吾其爲西方之歸。」自是精進念佛，年六十，布衣疏食（ㄙˋ），日課千拜。作《淨土文》勸世，將卒，前三日遍別親識，至期高聲念佛，站著往生。

語譯：淨土法門有理體有事迹。談到理體，則顯現於平常日用之中，不曾須臾遠離。論及事迹，則表現於早晨一茶的時間來修持，而不必整天地拘泥，這即是十念法門。

修持法門中有九品，人人都可以修持。雖然是罪惡之人，佛也不會摒棄。只要回心向善，便可慶可賀。所以這十念法門，人人都可以修行。譬如長久的暗室，點一盞燈去照，便豁然明亮了。雖殺牛屠馬的人，只要放下屠刀，也可以修持。所以修行並不難，也不會妨礙一切塵俗的事務。做官者不妨礙公職；文人學士不妨礙修讀；商人不妨礙販賣；農人不妨礙耕種；公門供職者不妨礙辦事；出家衆不妨礙參禪。凡一切所作所爲，都不會妨礙。

五念法門

若善男子、善女人，修五念門行成就，畢竟得生安樂國土，見彼阿彌陀佛。何等五念門？一者禮拜門；二者讚嘆門；三者作願門；四者觀察門；五者迴向門。

云何禮拜？身業禮拜阿彌陀佛如來應正遍知①，為生彼國意故。云何讚嘆？口業讚嘆，稱彼如來名，如彼如來光明智相，如彼名義，欲如實修行相應故。云何作願？心常作願，一心專念，畢竟往生安樂國土，欲如實修行奢摩他故。云何觀察？正念觀彼，欲如實修行毗婆舍那②故。彼觀察有三種，何等三種？一者觀察彼佛國土莊嚴功德；二者觀察阿彌陀佛莊嚴功德；三者觀察彼諸菩薩莊嚴功德。云何回向，不捨一切苦惱眾生，心常作願迴向為首，得成大悲心故。

菩薩入四種門，自行成就，應知。菩薩出第五門，迴向利益他行成就，應知。菩薩如是修五門行，自利利他，速得成就阿耨多羅三藐三菩提故。天親菩薩：《往生論》

注釋：

①應正遍知：應供與正遍知，指佛十號中第二號與第三號。②毗婆舍那：譯為觀。

語譯：倘有善男子、善女人，能成就修習五念行門，決定能夠往生西方極樂世界，而親見阿彌陀佛。什麼叫做五念行門呢？第一、禮拜門，第二、贊嘆門，第三、作願門，第四、觀察門，第五、迴向門。

什麼叫做禮拜門呢？身業禮拜阿彌陀如來、應供、正遍知。目的是爲了申表往生阿彌陀佛國的心願。什麼叫做贊嘆門呢？口業贊嘆稱念阿彌陀佛的名號，同贊嘆阿彌陀佛的光明、智慧德相沒有兩樣，同名字所蘊含的萬德沒有兩樣。目的是爲了如實修行，獲證感應道交。什麼叫做作願門呢？內心常常發願往生，一心專念西方淨土，決定得生西方極樂世界。目的是爲了到西方淨土後如實修行佛法正定。什麼叫做觀察門呢？正念觀察西方極樂世界。目的是爲了如實修行觀慧。觀察有三種，是哪三種呢？第一、觀察西方極樂世界的國土莊嚴功德。第二、觀察阿彌陀佛的莊嚴功德。第三、觀察觀世音菩薩、大勢至菩薩等菩薩聖衆的種種功德莊嚴，什麼叫做作迴向呢？不捨棄一切苦惱衆生，內心經常發願，將所有功德迴向一切衆生，共同往生西方極樂世界。目的是爲了成就大悲心。

菩薩進入前四種行門，得以成就自己的利益，這是應當知道的。菩薩出到第五行門，迴向功德，成就他人的利益。這是應當知道的。菩薩這樣的修習五種行門，自利利他，便能迅速成就無上正等正覺。

隨息念佛

夫含齒戴髮，死生交際，未有無出入息焉。又一息不還，即屬後世者，亦誠如所問。世上之人，多以寶玉、水精、金剛、菩提、木槵①爲數珠矣，吾則以出入息爲念珠焉。稱佛名號，隨之於息，有大恃怙。安懼於一息不還屬後世者哉？余行住坐臥，常用此珠，縱令昏寐，含佛而寢，覺即續之，必於夢中得見彼佛。如鑽燧②煙飛，火之前相，夢之不已，三昧成焉。

飛錫法師：《念佛三昧寶王論》

注釋：

①槵：木名，其子可作念珠。②燧：古代取火器。

語譯：一切有情生命，在生死關頭，不會沒有出息和入息。並且一息上不來，就屬於後世了。正如你所啓問的，世上的人大多以寶玉、水精（晶）、金剛石、菩提子、木槵子做成念珠。我則以出息入息作爲念珠。隨著呼吸稱念阿彌陀佛名號，這樣便有可靠的恃怙。有什麼懼怕於一息不來，便成後世的呢？我行住坐臥，常用此珠念佛，縱然昏沈睡眠，也含著這一聲阿彌陀佛而睡，醒來即便續念，這樣念佛必定能於夢中見到阿彌陀佛。譬如久鑽燧石，煙灰飛濺，正是火燃的前兆。夢中屢次見佛不止，便是念佛三昧即將成就的表徵。

金剛法念佛

若心氣不適，或人地有礙。但動口脣，用金剛持法，不拘多少，總要字字從心裡過，心憶而後動於舌，舌動而後返於心。舌既有聲，耳還自聽，是爲心念心聽也。心念心聽，則目不妄視、鼻不妄嗅、身不妄動，一個主人翁被阿彌陀佛四字請出來也。

妙空法師：《持名四十八法》

說明：妙空法師：（西元一八二六～一八八〇年）清代僧，江蘇江都人。中年出家，設刻經處，刊行佛典近三千卷。著有《求生捷徑》、《蓮邦消息》、《念佛四十八法》等二十餘部。

語譯：倘若心氣不順適，或者所處的人羣和地方不適宜出聲念佛。便只有微動口唇，用金剛持法念佛。不拘念多少聲佛號，總要字字從心裡流出。心念憶佛，然後舌頭微動。舌頭微動，然後返念於心。舌既有音聲，耳還自聽，這就是心念心聽。如能心念心聽，則目不妄視、鼻不忘嗅、身不妄動。這樣，一個主人翁就被阿彌陀佛四字請出來了。

無後心念佛

承問念佛下手處，曇鸞法師有「無後心、無間心」之語。信內「光景易移，早辦前程」等語，有後心也。人命在呼吸間，何能存此後心？無論千念萬念，只用當念一句，以為往生正因。前句已過，後句正出，亦在當念。如是，則心不緣過去，不緣未來，專注當念一句，是謂「事一心」，無論何時可以往生。久久純熟，當念亦脫，便入「理一心」，生品必高。其無間心即是無後心之純一境界也。

楊仁山居士：《楊仁山居士遺集》

語譯：承你問我，念佛從什麼地方下手？曇鸞法師有「無後心和無間心」的話，是值得你參考的。來信中說：「光陰易事，早辦前程」等的話，這些話看來沒有錯，可是已犯了「無後心」的誡語了。要知道，人命在呼吸間，怎麼可以存這種後心，以爲還有時間可做準備呢？無論千念萬念，只應該用當前一念（佛念），做爲往生西方淨土的正因。因爲前念已過，後念還未到來。當前一念極爲重要，必須緊緊抓住。這樣，心就不會緣慮過去、預計將來，而能專注當念的一句。這也就是所謂「事一心」，達到「事一心」的境界就什麼時候都可往生了。久久純熟，當前一念也自然脫落，便進入到「理一心」了。如能這樣往生，品位一定很高的。至於無間心呢？也就是無後心的純一境界。因爲沒有後心，就能念念沒有間斷，純淨一片了；而念念沒有間斷，也就沒有後心可產生了。

十念攝心

當攝耳諦聽，無論出聲默念，皆須念從心起，聲從口出，音從耳入（默念雖不動口，然意地之中，亦仍有口念之相），心口念得清清楚楚，耳根聽得清清楚楚。如是攝心，安念自息矣。

如或猶湧妄波，即用十念記數，當念佛時，從一句至十句，須念得分明，仍須記得分明，至十句已，又須從一句至十句念。不可二十、三十。隨念隨記，不可掐珠，唯憑心記。縱日念數萬，皆如是記，不但去妄，最能養神。隨快隨慢，了無滯礙。

印光大師：《印光法師文鈔》

語譯：應當攝耳仔細傾聽佛號。無論出聲念、默念，皆須念從心起，聲從口出，音從耳入（默念雖然不動口唇，然而意地之中，亦仍有口念之相），心口念得清清楚楚，耳根聽得清清楚楚。這樣攝心，妄念自然息滅。

如果還有妄波洶湧，即用十念記數法對治，當念佛時，從一句至十句，須念得分明，仍須記得分明。念至十句，又須從一句到十句念。不可念到二十、三十。隨念隨記，不可掐珠，唯憑心記。縱然一日念數萬聲佛號，全都如此記數。這樣念佛，不但去除妄念，也最能養神，隨快隨慢地念，沒有一點滯礙。

暗室念佛

暗室念佛，雖無聖教。初學之人，將斯暗室，絕諸視聽，心捨諸緣，專一念佛，易得三昧。如處室內，正念佛時，有少隙光，照斯暗室，心便緣此，浪起思惟。如絕斯明，一心不亂。此乃學者所知，非是浪為斯法。因初學之輩，馳心五欲，攀緣六塵；若不約斯暗室，無由得成三昧。

懷感法師：《釋淨土群疑論》

說明：懷感：唐代高僧。依善導大師之教，修淨土法門。精進不懈，奮勵三年，遂證念佛三昧。撰有淨土文稿多卷，後世淨業行人奉為圭臬。

語譯：暗室中念佛，雖然沒有聖教。初學道的人，處身暗室，斷絕一切視聽，心捨萬緣，專一念佛，容易證得三昧。如果靜坐室內，正念佛時，有少許光來照暗室，心便攀緣此光，胡思亂想。如果切斷這一線光明，容易得一心不亂。這是學道者所知曉的，不是隨意出這個方法的。因為初學道的人，心意馳騁五欲（財、色、名、食、睡），攀緣六塵（色、聲、香、味、觸、法），倘若不令他們在暗室念佛，難以成就三昧。

攝心念佛

欲修淨業者，可於淨室置一牀坐，卻將從前無明煩惱等事，盡情放下。沐浴更衣，向佛、菩薩像前懺悔。事畢上牀，須要端身正坐，閉目定息，微微動口，默念六字佛三、五、七聲，或十聲便止，默念默計南無阿彌陀佛一，南無阿彌陀佛二，南無阿彌陀佛三，從四至百，又依前從一至百，默念默計，或計五、六十聲，妄情忽起，或見色聞聲、或意逐攀緣，皆是正念不切，使佛聲間斷，數目不清，不至於百，是莫作數。或是三回五次，念不至百，定莫作數。或至九十九聲，唯少一聲，亦莫作數。直要佛聲數目，歷歷分明，方可作百之意數。計數之法，不可緣於外境，如念珠及他物計數之類。總數別數，皆計於心中，或計一百，乃至一萬，數目分明，若無間斷，此是淨業相繼也。

《淨土玄門捷要》

語譯：欲修淨業的人，可在淨室中放置一個牀坐，並將從前一切無明煩惱等事，盡情放下。沐浴更衣，在佛、菩薩像前懺悔。事畢上牀，須要端身正坐，閉目調息，微微動口，默念南無阿彌陀佛三到七聲，或十聲便止。默念默計南無阿彌陀佛一，南無阿彌陀佛二，南無阿彌陀佛三，從四到百，又依照前樣從一默記到百。默念默計，或默計到五、六十聲，妄情忽然生起，或見色聞聲，或意逐攀緣，這些都是正念不切，使佛聲間斷，數目不清，數不到百聲，便從頭來過，或是三回五次，念不到百聲，都不要作數。或者數到九十九聲，只少一聲，也不作數。直要佛聲數目，歷歷分明，方可作一百的總數。計數的方法，不可以依賴外物，如念珠及他物計數之類。總數別數，都計在心中，或者計一百，乃至一萬，數目分明。如果沒有間斷，這就是淨業相繼。

繫心念佛

繫念之法，不拘行住坐臥，不必出聲損氣，唯務至誠默想默念，念念相繼。心無間斷，敢許現生肉眼，便能見佛；或見光明，或承摩頂等事。又豈在臨終時哉？此是一種徑捷法門，至簡至要，極靈極驗。倘使得生淨土，見佛聞法，不患大事之不明、生死之不了、道業之不成矣。其或一然，則虛生浪死，苦趣其能免耶？

天如禪師：〈答弟行遠〉

說明：這是天如禪師示弟勸勉父母修淨業的開示。

語譯：繫心念佛的方法是：不論行住坐臥，均可念佛。不必出聲損氣，唯求至誠默想默念，念念相繼，心無間斷，也許現生肉眼，便能見到阿彌陀佛，或見光明，或承佛摩頂等事。又豈非得在臨命終時才見到佛呢？這是一種徑速直捷的法門，極簡單極切要，極靈極驗。倘若令父母得以往生西方極樂世界，見佛聞法，便能明心見性，了脫生死，成就道業。如果父母不能往生西方淨土，那麼，輪轉生死，就難保不墮在苦道中了。

在老實持名上出一頭地

觀既未易成就，戒亦未易全持，衆福非旦夕可期，妙悟非鈍根可得，大願堅固更希（稀）有；若不再從老實持名上出一頭地，必致長沈苦海，永受輪迴，千佛慈悲，亦難救度。老實持名者，既不求名利，又不逞才能；不於阿彌陀佛四字外添一毫妄想也。

妙空法師：《念佛四十八法》

語譯：觀想既然不容易成就，戒律也不容易全都持受，修衆福也不是短期內所能達到，神妙的頓悟不是暗鈍的根器所能企及，大願堅固更是稀有；倘若不再從老實持名念佛上出一頭地，必定會長劫沈淪苦海，永受生死輪迴，千佛慈悲也難救度。老實持名念佛的人，既不求名利，又不逞才能，不在阿彌陀佛四字洪名外添一毫妄想。

口耳相傳，自他不隔

持名念佛，要信真、願切、行純。先須放下胡思亂想一切雜念，單提正念，將四字名號繫念在心。不必長用高聲，恐傷元氣，以致喉痛。若有昏睡時，須用高聲以破昏。亦不必長用低聲，恐易散入昏，反起思慮。當思慮起時，自覺心不歸一，須收來正念，默默持去。從口中念出，耳裡收來，名爲口耳相傳，自念不隔，最易入手，又易純熟，久久自成念佛三昧也。

諦閑大師：《諦閑大師遺集》

說明：諦閑大師（西元一八五八～一九三三）：法名古虛，號卓三，浙江黃岩人。行解相應，繼臺教法緒，爲天臺四十三世。有《諦閑大師遺集》傳世。

語譯：持名念佛，要信得眞、發願切、修行純一，首先得放下胡思亂想一切雜念，單提正念，將阿彌陀佛四字名號繫念在心。不必長時用高聲念，恐傷元氣，以致喉痛。假若有昏睡時，須用高聲念佛以破昏沈。又不必長時用低聲念佛，以防心念散亂而入昏沈，反而生起雜念妄想。當雜念妄想生起時，自我覺察心念不純一，這時，必須將念頭收攝到念佛上，默默持念佛號。從口中念出，耳裡收來，這就叫做口耳相傳，自他不隔，最容易下手，又容易純熟，久久自會成就念佛三昧。

念佛如鐵帚

此念佛之念，應如鐵帚一樣，掃去一切雜念。雜念雖多，不出念財、色、名、食、睡，色、聲、香、味、觸等。先以鐵帚掃粗念，後掃細念。雖一時掃不盡，也須減少，務必掃清，方見太平。要自己檢察明白，念佛能不能掃去自己的恩愛牽纏。若掃不了，須生大慚愧。所謂信要真信、願要切願、行要實行，方得真實受用。

慈舟大師：《慈舟大師法彙》

語譯：這個念佛的「念」，應當像鐵掃帚一樣掃去一切雜念，雜念雖多，不出財、色、名、食、睡五欲，色、聲、香、味、觸、法六塵等。先應以鐵掃帚掃粗念，然後再掃細念。雖然一時掃不完，也須逐漸減少。務必全部掃清，方見太平。

修持的時候，要自己仔細檢察，念佛能不能掃去自己恩愛的牽纏，名利的汚染？若是掃不了，須心生大慚愧，而更加發憤精進。更深信、更切願、更力行，這樣才能得到眞實的受用。

心如淨瓶，佛名如穀

口誦佛名，眼觀佛像，耳還自聽。聲從舌流，禪味悅心；鼻聞香氣，如是念佛，反六還一，云何得亂？吾今念佛，作一方便。自視此心如淨寶瓶，佛名如穀，逐字逐句，如穀投瓶，貫珠而下。穀既無盡，瓶亦不滿，不放一粒拋向瓶外。顧念此瓶不滿徑寸，中藏三千大千世界百億微塵數佛。三十六萬億一十一萬九千五百同名同號阿彌陀佛安住其中；我亦與之俱會一處，遊樂宴息，方是我安身立命處也。

張息盧：《淨土剩言》

語譯：口裡誦念阿彌陀佛名號，眼觀阿彌陀佛法像，耳還自聽，聲音從舌端流出，禪味怡悅心性，鼻聞香氣，這樣念佛，返六根（眼、耳、鼻、舌、身、意）回歸一源，心怎會散亂呢？我現在念佛，有一善巧的方法。自己觀想此心如淨寶瓶，佛號如穀粒，逐字逐句，如穀粒投入寶瓶，貫珠而下。穀粒既沒有盡，寶瓶也不會盛滿。不令一粒穀粒拋向寶瓶外邊。顧念這個淨寶瓶直徑不滿一寸，內中藏三千大千世界百億微塵數佛。三十六萬億一十一萬九千五百同名同號阿彌陀佛安住在其中；我也與佛共同聚會一處，遊樂宴息，這才是我安身立命之處。

佛號能治一切煩惱心病

一句佛名，具有不可思議神力。能治一切煩惱心病。每當逆境之來，心生煩惱，遂即經行念佛，四步一聲佛號，循環往復，念之數匝，漸覺心地清涼，熱惱自息。有時事多心憂，更深不能成寐，亦專稱佛號，歷時少頃，即心身安定，便能睡著，無諸夢想。當寫經時，一筆一句佛號，精神不散，妄念不起，寫久亦不覺辛苦。果能信此念佛一法，專心稱念，無有間斷，念到心空境寂，煩惱自然無自而生。

圓瑛法師：《圓瑛法彙》

語譯：一句佛名，有著不可思議的神力，能治一切煩惱心病。每當逆境來臨，心生煩惱的時候，當即繞著圈子，經行念佛，四步一聲佛號，循環往復，念了數圈之後，就會覺得心地清涼，熱惱自然消除。有時事多，心裡煩憂，夜半更深不能入睡，也可專稱佛號。經過片刻之後，就會心身安定，容易睡著，沒有顛倒夢想。當寫經時，一筆一句佛號，能使精神不散，妄念不起。時間寫得久了，也不會覺得辛苦。如果能相信這一念佛法門，專心稱念，不間斷，念到心空境寂，煩惱自然無從生起。

高聲念佛，排遣雜亂

若神志昏沈，或妄想紛起時，振作精神，高聲念佛數百聲，自換一番境界。且耳根最靈，外緣易入。聲感心動，雜念熾然。惟高聲念佛，能護耳根而啓心靈。心聽自聲，聲聲快足，一切閑是閑非自然罷遣也。若精神散失，或勞極逼迫時，不必高聲，但收斂神明，低聲細念，候氣息完固，精神勃興，便可高聲念佛。

妙空法師：《持名四十八法》

語譯：倘若神志昏沈，或妄想紛起的時候，應當振作精神，高聲念佛數百聲，這自會換一番境界。並且這個世界的衆生耳根最靈敏，外面的音響容易聽到。音聲導致心神搖動，雜念熾然。惟有高聲念佛，能護住耳根而啓發心靈。心聽自己的聲音，聲聲快足，一切閑是閑非自然會被遣散。倘若精神萎頓，或是過度勞累時，則不必高聲念佛，只要收斂神明，低聲細語地念佛，等到氣息調順，精神勃興，就可以高聲念佛。

循環貫攝，記數念佛

當雜念起，不要理他。我只是念，更加目注佛像，或念注佛像，自無雜念矣。但久之雜念又起，甚至纏擾不開。不必焦躁，但澄清心思，令六字洪名，一一從意念中提起。由口出聲，耳中歷歷聽聞，又復從心念中流出，循環貫攝，不令間斷，雜念自無。尚有鈍根者不能，可將南無阿彌陀佛六字，當念佛一聲，即記在南字上，二聲記無字，又阿，又彌，又陀，又佛，又南，連環記認不斷，一切雜念，無出生矣。

悟開法師：《淨業知津》

說明：悟開法師（西元？～一八三〇年）：清代僧，蘇州木瀆人，俗姓張，字豁然，號水雲道人。精進念佛，自行化他，著有《淨業知津》，《念佛警策》等。

語譯：當雜念湧起時，不要理會雜念。我只是念佛，再加上目光注視佛像，或意念專注佛像，自然沒有雜念。但時間一久雜念又起，甚至纏擾不休，這時不必焦躁，只要澄清心思，令南無阿彌陀佛六字洪名，一一從意念中提起，由口出聲，耳中歷歷聽聞；又復從心念中流出，循環連貫攝持，不令間斷，雜念自然消失。尚有鈍根者不能攝念，可將南無阿彌陀佛六字，當作念佛一聲，即記在「南」字上，第二聲記在「無」字上，又阿，又彌，又陀，又佛，又南，連環記認不斷，這樣，一切雜念，就無處生起了。

語默動靜，皆可念佛

念佛一法，乃背塵合覺，返本歸元之第一妙法，於在家人分上，更爲親切。以在家人身在世網，事務多端。攝心參禪，及靜室誦經等，或勢不能爲，或力不暇及。唯念佛一法，最爲方便。早晚於佛前隨分隨力，禮拜持念，迴向發願。除此之外，行住坐臥，語默動靜，穿衣吃飯，一切時、一切處，皆好念。但於潔淨處，恭敬時，或出聲，或默念皆可。若至不潔淨處（如登廁等），或不恭敬時（如睡眠、洗浴等），但宜默念，不宜出聲。非此時處不可念也。睡出聲念，不但不恭敬，又且傷氣，久則成病，默念功德，與常時一樣。

印光大師：《印光法師文鈔》

語譯：念佛法門，乃是捨背塵俗，契合覺性，歸返心源的第一妙法。對在家人來說，更爲親切。因爲在家人身在世網中，事務繁多。攝心參禪，及其靜室誦經等，或條件不具備，或無暇顧及。唯有念佛法門，最爲方便。早晚二時在佛前隨分隨力地禮拜、念佛、迴向、發願。除定課外，行住坐臥，語默動靜，穿衣吃飯，一切時、一切處，都可以念佛。只要在清潔乾淨處，恭敬時，或出聲念，或默念，都是可以的。倘若在不潔淨處（如登廁等），或不恭敬時（如睡眠、洗浴等），只應默念，不宜出聲念，不是說此時此處不能念佛。睡覺時出聲念，不但不恭敬，而且傷氣，念久了會致病。此時默念功德與平常念佛的功德，沒有兩樣。

唯專唯勤，自成片斷

然後以此信願之心，執持名號。持一聲是一九蓮種子，念一句是一往生正因。直須心心相續，念念無差。唯專唯勤，無雜無間。愈久愈堅，轉持轉切，久久自成片段，入一心不亂矣。誠然如此，若不往生者，釋迦如來便為誑語，彌陀世尊便為虛願，有是理乎？

徹悟禪師：《徹悟禪師語錄》

語譯：然後，以這信願的心執持名號，持一聲是一九品蓮花的種子；念一句是一往生淨土的正因。就這樣心心相續，念念不差，愈專愈勤，無雜無間，愈久愈堅，轉持轉切，久久自成片斷，進入一心不亂了。果能這樣眞誠專一地修行，若是還不能往生，那釋迦如來說的便是誑語，彌陀世尊發的便成虛願了，哪裡會有這種道理呢？

直須睡夢中念佛不斷

問僧海州：「念佛常間斷否？」曰：「合眼睡時便忘了。」師震威呵曰：「合眼便忘，如此念佛，念一萬年也沒用。自今而後，直須睡夢中念佛不斷，方有出苦分。若睡夢中不能念佛，忘記了。一開眼時痛哭起來，直向佛前叩頭流血。或念千聲萬聲，盡自家力量便罷。如此做三、二十番，自然大昏睡中佛即不斷矣。世上念佛人，或三、二十年，或盡形壽念佛，及到臨終時卻又無用。此是睡夢中不曾有念頭故也。人生如覺，人死如夢，所以夢中念得佛底人，臨死自然不亂也。」

紫柏大師：《紫柏老人集》

語譯：

紫柏大師問僧海州：「你念佛常有間斷嗎？」

「合眼睡時便忘了。」海州回答說。

「合眼就忘了嗎？」大師震威一喝，說：「這樣念佛念一萬年也沒用。從今以後，一定要在睡夢中念佛不斷，才有出苦的希望。若是睡夢中不能念佛，忘記了，一開眼時，應該痛哭起來，直向佛前叩頭流血。或念千聲萬聲佛號，直到自己的力量用盡爲止。這樣做了二、三十次以後，自然能在大昏睡中念佛不斷了。世上有很多念佛人，有的念了二、三十年，有的盡一生都在念佛，可是到了臨終時，卻是沒有用處。爲什麼呢？這是由於在睡夢中不曾有念佛的念頭，要知道，人活著如覺，人死了如夢，所以，夢中念得佛的人，臨死自然心不散亂，一心往生了。」

拔除愛樁情纜，穩坐蓮花佛國

今時淨業學人，終日念佛懺罪發願，而西方尚遙。往生弗保者無他，愛樁未拔，情纜猶牢故也。若能將娑婆恩愛視如嚼蠟，不管忙閑動靜，苦樂憂喜，靠著一句佛號，如須彌山相似。一切境緣，無能動搖。或時自覺疲懈，惑習現前，便奮起一念，如倚天長劍，使煩惱魔軍，逃竄無地。亦如紅爐猛火，使無始情識，銷鑠無餘。此人雖現處五濁之鄉，已渾身坐在蓮花國裡。又何待彌陀授手，觀音勸駕，而始信其往生哉？

截流大師：《淨土警語》

語譯：現在的淨業學人，終日念佛懺悔發願，可是與西方淨土還相距很遠，往生沒有保證。這是什麼原因呢？只是由於愛椿沒有拔去，情纜還繫縛堅牢。如果能將世俗恩愛視同嚼蠟，不加愛戀，不管忙閑動靜，苦樂憂喜，靠著一句佛號，像依傍須彌山一樣，那麼，就不會被世間一切緣務動搖了。有時，或者感到精神疲懈，惑業習氣現前時，即便奮起一念，如倚天長劍，使煩惱魔軍無處逃竄。又像是洪（紅）爐猛火，使無始以來的情識，銷熔得淨盡無餘。像這樣念佛的人，現在雖然還處在五濁世界之中，可是已渾身坐在蓮花國裡了。那又何必等待阿彌陀佛垂手接引，觀世音菩薩前來勸駕，才相信是往生了呢？

事一心精進

持名貴在一心不亂，無間無雜，非必以快念多念爲勝也。但不緩不急，密密持去，使心中佛號歷歷分明，著衣吃飯，行住坐臥，一句洪名綿密不斷。猶如呼吸相似，既不散亂，亦不沈没，如是持名，可謂事上得一心精進者矣。

截流大師：《淨土警語》

語譯：持名貴在一心不亂，不間斷，不夾雜，不必以快念多念爲殊勝。只要不緩不急，密密持念過去，使心中佛號，歷歷分明；著衣吃飯，行住坐臥，一句洪名綿密不斷，就和呼吸相似。既不散亂，也不昏沈，這樣持名，可以說是事上得一心精進了。

專意一念，撞開生死

真信修行之人，端的是要生西方極樂世界。專意一念，持一句阿彌陀佛，只此一念，是我本師；只此一念，即是化佛；只此一念，是破地獄之猛將；只此一念，是斬羣邪之寶劍；只此一念，是開黑暗之明燈；只此一念，是度苦海之大船；只此一念，是脫生死之良方；只此一念，是出三界之徑路；只此一念，是本性彌陀；只此一念，達唯心淨土。但只要記得這一句阿彌陀佛在念，莫教失落。念念常現前，念念不離心，無事也如是念，有事也如是念，安樂也如是念，病苦也如是念，生也如是念，死也如是念。如是一念分明不昧，又何必問人覓歸程乎？

優曇法師：《蓮宗寶鑑》

說明：優曇法師（西元？～一三三〇年）：元代僧，丹陽人，俗姓蔣。早年便在廬山東林寺出家，專修念佛三昧，復興蓮宗，著《蓮宗寶鑑》流傳於世。

語譯：眞信修行的人，決定想要往生西方極樂世界的話，應當專注一念，持一句阿彌陀佛。只這一念是我本師；只這一念就是化佛；只這一念就是破毀地獄的猛將；只這一念是揮斬羣邪的寶劍；只這一念是撞開黑暗的明燈；只這一念是橫度（渡）苦海的大船；只這一念是解脫生死的良方；只這一念是跳出三界的徑路；只這一念是本性阿彌陀佛；只這一念抵達唯心西方淨土。但只要這一句阿彌陀佛憶念不忘，不要失落。阿彌陀佛念念常現前，念念不離心；無事也這樣念，有事也這樣念，安樂也這樣念，病苦也這樣念，生也這樣念，死也這樣念。這樣的一念分明不昧，又何必討問他人覓歸程呢？

息妄念佛，隨念寂靜

當妄心雜亂之頃，能舉起一念，如對慈尊，按定六字洪名，一一出口入耳，則此雜亂，自然隨念寂靜。自是一念而至十念，乃至念念不移，即教中所謂淨念相繼者也。念佛之人，須要信心懇切，正因凜然，重念死生輪轉之可悲，深厭塵勞紛擾爲可痛，舉起一聲佛名，直下更無異見。直至一心不亂，能所兩亡。到家之說，不容再舉，捷徑之詞，何勞掛齒。可謂證修行之神術，超方便之正途。

明本法師：《三時繫念佛事》

說明：明本法師：元代高僧，字幻住，中峯。參禪契悟，隱於湖海。晚居天目。仁宗詔聘不出，賜衣號，元統中，賜號普應國師，著有《中峯廣錄》。

語譯：正當妄心雜亂之際，能夠舉起一念，如同面對佛世尊，按定南無阿彌陀佛六字洪名，一一聲音出口入耳，則這雜亂妄想，自然隨著念佛而寂靜。就這樣一念而至十念，乃至念念念佛，堅固不移，這就是經教中所說的淨念相繼。

念佛的人，必須要信心懇切，因果凜然，痛念死生輪轉之可悲，深厭塵勞紛擾爲可痛。舉起一聲佛名，直下更不存異見。直到一心不亂，能念之心和所念之佛渾然兩亡。這時，到家之說，不待枚舉而自明，捷徑的譬喻又何勞掛在嘴上。這就叫做證得修行的神祕，超方便的正途。

內照佛號，隨時往生

令胸中都無牽掛，一心正念。心目內照四字佛名，歷歷明明，無間無斷，此爲要緊話，朋友平生相交，正在此處。從其今日去亦可，明日去亦可，設或不去，活到一百二十歲亦可。他皆小事，不暇及也，切勿貪生怕死而誤大事。

蓮池大師：《蓮池遺稿》

語譯：令胸中不牽掛一切世事，一心正念。心目中內照「阿彌陀佛」四字佛名，歷歷明明，不令間斷。這樣，今日往生西方亦可，明日往生西方亦可，假設暫時不往生，活到一百二十歲亦可，這才是要緊的話。朋友平生相交，正體現在這裡。其他的都是小事，無暇顧及，千萬不可貪生怕死而耽誤大事。

佛號從肝髓中流出

真切念佛復有數種：一勇猛念，太文弱來不得；如孝子報父母深仇，縱高崖深澗，磷途虎窟必往不怯故。一悲傷念，太灑落來不得；每一想佛，身毛皆豎，五內若裂，如憶少背之慈母，及多慧之亡兒故。一感憤念，太和平來不得；如落第孤寒，負才寂寞，每一念及，殆不欲生故。一戀慕念，太澹泊來不得；如己所深愛物，魂夢繾綣，惟恐或失故。一樂事現前踴躍歡喜念，如寒得衣，饑得食故。一惡緣照面悔恨激切念，如死裡逃生故。總之，心口相一，字字從肝髓中流出，方是念佛真境。

周克復居士：《淨土晨鐘》

語譯：真切念佛又有幾種類型：一勇猛念，太文弱濟不得事；猶如孝子報父母深仇，縱然高崖深澗，磷途虎穴，必定勇往直前。一悲傷念，太灑落濟不得事；每想念佛時，全身毫毛都豎起來，五臟好像裂開一樣，如同憶念年少時就捨離的慈母，又如同憶念多慧的亡兒。一感憤念，太和平濟不得事；如同落第孤寒，負才寂寞，每一念及，幾乎不想活下去。一戀慕念，太澹泊濟不得事；如同自己所深愛的珍物，夢中都在縈懷牽掛，惟恐珍物遺失。一樂事現前踴躍歡喜念，如同寒天得到綿衣，饑餓時得到食物。一惡緣照面悔恨激切念，如同死裡逃生。總之，心口如一，字從肝髓中流出，這才是念佛真正的境界。

用佛號收攝妄念

予見新學後生，才把一句佛，頓在心頭，閑思妄想，越覺騰沸，便謂念佛工夫不能攝心。不知汝無量劫來，生死根由，如何能得即斷？且萬念紛飛之際，正是做工夫時節。旋收旋散，旋散旋收。久後工夫純熟，，自然妄念不起。且汝之能覺妄念重者，虧這句佛耳。如不念佛之時，瀾翻潮湧，殺那不停者，自己豈能覺乎？

蓮池大師：《蓮宗諸祖法語集要》

語譯：我見新學道的青年，才把一句阿彌陀佛的名號，頓在心頭，亂思妄想更覺騰躍沸揚，由此便說念佛工夫不能攝心。不知道你無量劫以來的生死根本，如何能馬上就可斬斷？並且萬念紛飛的時候，正是做工夫的時節。雜念來時，即時收攝，即時遣散；即時遣散，即時收攝。久久工夫便會純熟，妄念自然不起。並且你之所以能覺察出妄念紛飛，還幸虧有這句佛號。如果不念佛的時候，妄念波翻潮湧，剎那不停，你自己又怎能覺察得到呢？

念佛喚醒濃睡人

念佛有默持、有高聲持、有金剛持，然高聲覺太費力，默念又易昏沈。只是綿綿密密，聲在唇齒之間，乃謂金剛持。又不可執定，或覺費力，則不妨默持，或覺昏沈，則不妨高聲。如今念佛者，只是手打魚子，隨口收喊，所以不得利益。必須句句出口入耳，聲聲喚醒自心，譬如一人濃睡，一人喚云某人，則彼即醒矣。所以念佛最能攝心。

蓮池大師：《蓮宗諸祖法語集要》

語譯：念佛有默念、有高聲念、有金剛念，然而高聲念太費力，默念又容易昏沈。只是綿綿密密，聲音在唇齒之間，這叫做金剛念。又不可以執泥固板。或是覺得費力，則不妨默念；或者覺得昏沈，則不妨高聲念。如今念佛的人，只是手敲木魚，隨口叫喊佛名，所以得不到念佛的利益。必須句句佛號出口入耳，聲聲喚醒自心。譬如一人濃睡，一人呼喚那人，則那人即會醒來。所以念佛最能攝心。

輕忽養識，念佛最忌

念佛最忌，精神渙散。字句模糊，先快後慢。既無音節，又不聯貫。心不應口，聲不攝念。輕忽養識，古德所嘆。如此念法，永難成片。

夏蓮居居士：《淨語》

語譯：念佛最忌諱的是精神渙散，字句模糊，先快後慢，既沒有音節，聲音又不聯貫。心不接應口，聲音攝不住念頭，隨口滑去，輕忽培養第六意識，這種情形被古德所慨嘆。這樣的念法，工夫永遠難以成片。

心聲相依，妄念自清

聲和韻穩，字正音圓。懇切綿密，沈著安閑。聲合乎心，心應乎聲。心聲相依，妄念自清。

夏蓮居居士：《淨語》

語譯：念佛的聲音必須和緩，音韻要沈穩，字字正確，音調圓潤。念佛時要懇切至誠，綿綿密密，沈著、安雅、閑靜。音聲從心中流出，心要呼應佛聲。心與聲相依，妄念自會清除。

千里燒香，不如安坐家堂念佛

學佛者無用莊嚴形迹，只貴真實修行。在家居士，不必定要緇衣道巾，帶髮之人，自可常服念佛；不必定要敲魚擊鼓，好靜之人，自可寂默念佛；不必定要成羣做會，怕事的人，自可閉門念佛；不必定要入寺聽經，識字之人，自可依教念佛。

千里燒香，不如安坐家堂念佛；供奉邪師，不如孝順父母念佛；廣交魔友，不如獨身清淨念佛；寄庫①來生，不如現在作福念佛；許願保餉，不如悔過自新念佛；習學外道文書，不如一字不識念佛；無知妄談禪理，不如老實持戒念佛；希求妖鬼靈通，不如正信因果念佛。以要言之，端心滅惡，如是念佛，號曰善人。攝心除散，如是念佛，號曰賢人；悟心斷惑，如是念佛，號曰聖人。　蓮池大師：《雲棲法彙》

注釋：

①寄庫：生前焚燒紙錢，或作佛事寄屬冥吏，以冀死後享用。

語譯：學佛的人沒有必要刻意去修飾外在的形迹，只貴眞實修行。在家居士，不必定要披緇衣戴道巾，帶髮修行的人，自可穿平常的服裝念佛；不必定要敲木魚擊法鼓，性好安靜的人，自可寂默念佛；不必定要成羣結隊去做法會，怕事的人，自可閉門念佛；不必定要到寺廟聽講經，識字的人，自可依照教理念佛。

千里燒香，不如安坐家裡的佛堂念佛；供奉邪師，不如孝順父母念佛；廣交魔友，不如獨自清淨念佛；焚燒冥紙冀望來世享用，不如現在作福念佛；許願供奉食物，不如悔過自新念佛；習學外道的文典書籍，不如一字不識念佛；無知妄談禪理，不如老實持戒念佛；希求妖魔鬼神的靈通，不如正信因果念佛。以要言之，端正心性，斷惡修善，這樣念佛，就是善人。攝心除掃散亂，這樣念佛，就是賢人。悟證心源斷盡煩惱，這樣念佛，就是聖人。

念佛力久，一旦豁達

妄念是病，念佛是藥，外病非片劑所能療，積妄非暫念所能除，其理一也。莫管他妄念紛飛，只貴在念佛精切。字字分明，句句接續，極力執持，方有趨向分。此謂真積力久，而一旦豁達。喻如磨杵成針，煉鐵作鋼者，定不誣也。入道多門，惟此一門，最爲捷徑。不可忽！不可忽！

蓮池大師：《蓮宗諸祖法語集要》

語譯：妄念是病，念佛是藥，久病不是幾帖藥劑能夠治療好，積妄不是短時念佛所能夠清除，這個道理是一樣的。不要管他妄念紛飛，只貴在念佛精誠懇切，字字分明，句句接續。極力執持佛號，才有達到一心不亂的可能。這就是說，眞正長久地積蓄力量，一旦豁然通達，譬如鐵杵磨成針，百煉鐵成鋼，這是決定不虛的。入佛道有多門，惟有這淨土法門，最爲捷徑。不可忽視！不可忽視啊！

執理廢事，反受落空之禍

此則理之一心，全歸上智；亦復通乎事相，曲爲鈍根。奈何守愚之輩，著事而理無聞；小慧之流，執理而事遂廢。著事而迷理，類蒙童讀古聖之書；執理而遺事，比貧士獲豪家之券。然著事而念能相繼，不虛入品之功；執理而心實未明，反受落空之禍。遂使垂手徒勤，倚門空望。上孤佛化，下負己靈；今生以及多生，一誤而成百誤，甘心苦趣，束手死門，無救無歸，可悲！可痛！蓮池大師：《阿彌陀經疏鈔》

語譯：這種「理一心」不亂，上智人才能證得；同時也可用於「事一心」，鈍根者也能達到。無奈自甘愚鈍的人，執著事相而不知曉眞如理體；小慧的人，執著理體而廢棄事修。執著事相而迷惑理體的人，猶如幼稚孩童讀古聖的書；執著理體而廢棄事修的人，譬如窮人獲得豪富家的劵簿。然而，執著事相而能夠不間斷念佛的人，決定能得往生西方極樂世界；執著空理而沒有明心見性的人，反倒招致落空的殃禍。這樣，便使接引衆生的阿彌陀佛，徒然常垂金色臂，徒然倚門空望。那些衆生，上則辜負了佛、菩薩度化的悲心，下則辜負了自己的靈明覺性。如果不念佛求生，那麼，今生乃至多生，一誤而成百誤，甘心淪墮惡道。在生死門前束手無策，無可救藥，無能力回歸家鄉。這實在是極爲可悲可痛的事！

凡見苦惱者，先安其身，然後開導其心，勸之念佛。所謂：「救一時之苦，布施爲急；救萬劫之苦，念佛爲要。」或見人物有難，力不能救，當急爲彼念佛，安其魂識。或清夜朗誦，以施鬼神。凡大兵大疫之年，五更持誦佛名，能消冤厲。當思我此一聲阿彌陀佛，上窮有頂，下極風輪，塵刹衆生，一時受益。其布施不可思議也。

妙空法師：《持名四十八法》

語譯：凡見到苦惱的人，應當首先安頓他的身體，然後開導他的心，懇勸他念佛。這就是所說的：「救一時之苦，布施爲急；救萬劫之苦，念佛爲要。」或者看見他人身罹災難，自己尚無能力救拔，應當趕急爲罹難者念佛，安穩他的魂識。或者清夜朗誦佛號，用這念佛的功德，布施給鬼神，願其脫苦。凡遇戰爭、瘟疫的災年，五更時持誦佛名，能夠解冤消厲。應當思惟佛這一聲阿彌陀佛，上則窮達非想非非想天，下則到最底層的風輪世界，無邊微塵國土的衆生，一時都能得到我念佛的利益。這種布施功德不可思議。

念佛即是長夜燈

談玄說妙不相干　三字真傳老實念。
只此即是長夜燈　苦海慈航斬魔劍。
要拔多劫生死根　直拼此身作呆漢。
五宗八教一句收①②　切莫念外覓方便。

夏蓮居居士：《淨語》

注釋：

①五宗：大乘之五宗。天臺宗、華嚴宗、法相宗、三論宗、律宗。②八教：天臺宗所立之八教：即：藏教、通教、別教、圓教、頓教、漸教、密教、不定教。

語譯：

談玄說妙與了生死不相干，
「老實念」才是三字眞傳。
只這老實念佛就是長夜的明燈，

苦海中的慈航，斬魔的利劍。
要拔除多生無劫的生死根本，
寧可拚其一生作個呆漢。
一句阿彌陀佛含攝五宗八教，
切莫在念佛外更覓什麼方便法門。

淨土與儍子照相機

有人喜歡以上根自居，認爲念佛是愚夫愚婦、齋公齋婆都能用的法，他就有點不甘心。有一比方，儍子照相機儍子都會用，那麼這個儍子照相機儍不儍呢？儍子都會用，正證明這個照相機十分高級，說明設計製造者十分聰明。下根、五逆十惡、動物、地獄中的衆生都可以得度，正說明這個法門十分殊勝。

黃念祖居士：《心聲錄》

說明：黃念祖居士（西元一九一〇～一九九二年）：原北京郵電學院教授，早年信佛，於淨、密、禪造詣甚深。晚年專弘淨宗。一九九二年往生後火化，得舍利三百餘粒。

㈡、觀像念佛

念佛功德相好，諸根不亂動

念佛相好及德行，能使諸根不亂動。心無迷惑與法合，得聞得智如大海。智者住於是三昧，攝念行於經行所，能見千億諸如來，亦值無量恆沙佛。《月燈三昧經》

語譯：念佛的光明相好及其功德善行，能使眼、耳、鼻、舌、身、意諸根不散亂搖動。心不迷惑能與法性契合。能夠聽聞到得到大海般的智慧。有智慧的人安住在這念佛三昧中，攝護意念，行走在念佛的道場內，能夠見到千億諸如來，又能值遇無量恆沙佛。

念佛色相，七日見佛

佛告跋陀和菩薩：「有三昧名十方諸佛悉在前立。若欲疾得是三昧者，常當守習持，不得有疑想如毛髮許。若比丘、比丘尼、優婆塞、優婆夷，欲行學是三昧者，七日七夜，除去睡眠，捨諸亂想，獨一處業。念西方阿彌陀佛身真金色，三十二相，光明徹照，端正無比。一心觀想，心念口稱，念念不絕者。佛言，七日已後見之，譬如有人夜觀星宿，睹一星即是一佛。若有四衆，作是觀者，見一切星，即見一切佛。」

《般舟三昧經》

語譯：佛告訴跋陀和菩薩：「有一種三昧，名叫十方一切佛都在面前聳立。若欲迅疾證得這種三昧的人，應當經常堅持修習，不得有懷疑如毛髮許的猜想。若比丘、比丘尼、優婆塞（男居士）、優婆夷（女居士），如欲修學這種三昧，應當七日七夜，不可睡眠，捨棄一切亂想，獨自居住一個地方，觀念西方極樂世界阿彌陀佛紫金色身，三十二種大人相；佛身光明徹照，端正無比。一心觀想，心裡觀想，口裡持念佛號、念念不間斷，七日後便能見到阿彌陀佛。譬如有人夜觀星宿，睹見一顆星即是一尊佛。假若有四衆弟子修持這個觀想，睹見一切星，即見一切佛。」

白毫觀

西向跏趺端坐，想阿彌陀佛丈六金軀，坐於華上。專繫眉間白毫一相，其毫長一丈五尺，周圍五寸，外有八棱；其毫中空，右旋宛轉；在眉中間，瑩淨明徹，不可具說。顯映金顏，分齊分明。

作此想時，停心注想，堅固勿移。然復應觀想念所見，若成未成。皆想念因緣，無實性相。所有皆空，如鏡中面像，如水現月影，如夢如幻，雖空而亦可見，皆心性所現。所有者即是自心，心不自知心，心不自見心；心有想即癡，無想即泥洹。心有心無，皆名有想，盡名爲癡。不見法性，因緣生法，即空假中。不一不異，非縱非橫，不可思議。心想寂靜，則能成就念佛三昧。遵式大師：《往生淨土懺願儀》

語譯：面西跏趺端坐，觀想阿彌陀佛一丈六尺高的金軀，端坐在蓮花上。專注繫念阿彌陀佛眉間白毫一相，其白毫長一丈五尺，周圍五寸，外邊有八個棱角；白毫中空，右旋宛轉，在眉中間，晶瑩、清淨、明徹，這些相狀難以全面地描述。毫光映顯金色的容顏，整齊分明。

作這觀想時，停心注想，堅固不移。然後又應觀察所想念的境相，無論成就了的還是沒有成就的。思究種種因緣，本沒有實性，所有的境相都是空幻。猶如鏡中的面像，如水映現月影，如夢如幻。雖然空幻而又可見其形影。這些都是心性所顯現，所有的外境就是自心。心不自知心，心不自見心。心有想即愚癡，無想即涅槃。心有心無，都名叫有想，都叫做愚癡，不見法性理體。因緣所生法，即是空假中。不一不異，非縱非橫，不可思議。心想寂靜，便能成就念佛三昧。

念佛白毫，滅億劫罪

佛言：「若我滅後，佛諸弟子，捨離諸惡，樂少語法。日夜六時，能於一時，分為少時，少分之中於須臾間，念佛白毫者，若不見。如是等人，除卻九十六億那由他恆河沙微塵劫生死之罪。若復有人，聞是白毫，心不驚疑，歡喜信受，此人亦除八十億劫生死之罪。」

《觀佛三昧海經》

語譯：佛言：「如果我滅度後，佛的諸弟子，捨離一切惡行，樂持少語法門。能於日夜六時中的一時，一時中又分少時，少時中的須臾間，念佛的白毫，若見若不見。這樣的修行人，除卻九十六億恆河沙微塵劫生死之罪。假若又有人，聽到佛的白毫，心不驚疑，歡喜信受，這人也能除滅八十億劫生死之罪。」

一相莊嚴三昧法門

佛告曼殊室利：「菩薩能正修行一相莊嚴三昧，疾證菩提。修此行者，應離喧雜，不思衆生相。專心繫念於一如來，審取名字，善想容儀，即爲善觀三世一切諸佛，即得諸佛一切智慧。」《大般若經》

語譯：佛告文殊師利：「菩薩如能正確修行一相莊嚴三昧，迅速證得菩提道果。修行這個法門的衆生，應當遠離喧鬧嘈雜，不思衆生相，專心繫念一佛，體察思究佛的名號，善於觀想佛的容儀。這樣的觀想即是普遍觀想十方三世一切諸佛，即能獲得諸佛的一切智慧。」

觀想隨息念佛

攝心念佛，欲得速成三昧，對治昏散之法，數息最要。凡欲坐時，先想己身在圓光中，默觀鼻端，想出入息，每一息默念阿彌陀佛一聲，方便調息，不緩不急。心息相依，隨其出入。行住坐臥，皆可行之，勿令間斷。常自密密行持，乃至深入禪定。息念兩忘，即此身心與虛空等。久久純熟，心眼開通，三昧忽爾現前。即是唯心淨土。

優曇法師：《蓮宗寶鑑》

語譯：學佛的人，為了速成念佛三昧，應用隨息念佛的方法來對治昏沈和散亂。將要靜坐的時候，先想自己在圓光之中，默觀鼻端，注意出息與入息。每一息（一呼一吸）默念「阿彌陀佛」一聲，隨息長短，方便調整。不緩不急，念心與氣息互相依傍，跟著出入。這樣，在行住坐臥中，都可以做工夫，不要使它間斷。經常密密行持，直至深入禪定。息與念都忘失了。這時身心似乎跟虛空一樣，久久純熟，心眼開通。佛法正定忽然現前，這就是唯心淨土。

四威儀中念佛

凡於行住坐臥時，則一心稱名。凡於趺坐蒲團時，則心心作觀。行倦則趺坐以觀佛；坐久則經行以稱名。苟於四威儀中修之無間，往生西方必矣。

語譯：凡在行住坐臥的時候，則一心稱念阿彌陀佛名號；凡在蒲團上跏趺靜坐時，則心心觀想阿彌陀佛像和西方極樂世界依正莊嚴。經行疲倦則跏趺靜坐觀想佛像；靜坐久了便經行稱念阿彌陀佛名號。如果能於行住坐臥四威儀中這樣不間斷地修行，那麼，必定能夠往生西方極樂世界。

緣佛身修正定

《道炬論》云：「隨於一所緣，令意住善境。」如是初得攝心所緣之量。謂先漸觀想頭部、雙手、身軀、二足，令其明顯。次於身之總體作意思惟。若粗支分於心現起，縱無光明，亦應知足於彼持心。若不於彼知足持心，欲求明顯，更數觀想。縱使所緣略為明顯，非但不得堅固妙三摩地，反成得定之障礙。又彼所緣雖不甚顯，但於粗分持心，亦能速得妙三摩地。次令明顯，極易成故。

又緣總身時，若身一分明顯，即緣彼分。若不明顯，仍緣總身。若欲修黃色而現紅色等顏色不定，若欲修坐像而現立像等形狀不定，或欲修一尊而現二尊等數量不定，或欲修大像而現小像等形量不定。則不可隨轉，唯應以根本所緣爲緣境也。

宗喀巴大師：《菩提道次第略論》

說明：宗喀巴大師（西元一三五七～一四一九年）：青海宗喀人。西藏佛教黃教（格魯派）的創立者。著作甚豐，相傳宗喀巴大師是文殊師利菩薩的化身。

語譯：《道炬論》說：「確立一尊所觀想的佛相，使意念安住在那善境上。」這樣便能初得攝心所觀的境量。首先漸漸觀想佛相的頭部、雙手、身軀、二足，使這些部位明顯。其次，對佛身的總體，作專門的思惟觀想。如果佛身粗略的輪廓從心內浮現出來，縱然顯現的佛身沒有光明，也應當滿足於這個佛身而安住心念。如果對這個粗略的佛身不滿足於安住心念，還希望佛身明朗而再三觀想。縱然所觀想的佛身略爲明顯，但這樣作，非但得不到堅固微妙的正定，反倒會成爲得正定的障礙。而先前所觀想的佛身雖然不太明顯，但對於粗分安定心念，也能迅速得到微妙的正定。由此再令佛身明顯，便極容易成就。

在觀想佛的總身時，如果佛身有一部分明顯，即觀想那明顯的一部分；如果沒有明顯的部分，便還是觀想總身。如果希望觀想黃色，而現出紅色等顏色不定；如果希望觀想坐像，而現出立像等形狀不定；或者希望觀想一尊佛身，而現出二尊佛身等數量不定；或者希望觀想大像，而現出小像等形量不定；在這些情況下，不可隨意念流轉。只應當以初始確立的根本佛身爲觀想的境相。

八識與念佛

今念佛人，初以耳識聞彼佛名，次以意識專注憶念。以專念故，總攝六根①。眼鼻舌身，如是六識②，皆悉不行。念之不已，念極而忘。所謂恆審思量者，其思寂焉。忘之不已，忘極而化，所謂真妄和合者，其妄消焉。則七識③八識④亦悉不行。主既不存，從者焉附？其五十一⑤又何論也。當爾之時，巨浪微波，咸成止水，濃雲薄霧，盡作澄空。唯是一心，更無餘法。

蓮池大師：《阿彌陀經疏鈔》

注釋：

①六根：指眼、耳、鼻、舌、身、意六根。②六識：即：眼識、耳識、鼻識、舌識、身識、意識。③七識：指末那識，《唯識論》所說八識中第七識，常緣第八識阿賴耶識的見分思量，其計度思量勝過其識。④八

識，指第八識阿賴耶識，又名藏識，含藏一切事物種子。⑤五十一：唯識宗百法中的心所有法五十一種。有：作意、觸、受、想、思、欲、勝、解、念、等持、慧、信、慚、愧、無貪、無瞋、無癡、精進、輕安、不放逸、捨、不害、貪、瞋、慢、無明、見、疑、忿、恨、覆、惱、嫉、慳、諂、害、驕、無慚、無愧、掉舉、昏沈、不信、懈怠、放逸、失念、散亂、不正知、惡作、睡眠、尋、伺。以上諸法，從阿賴耶識種子所生，依心而起，與心俱轉相應，是名心所有法。

語譯：現在念佛人，開初以耳識聽到阿彌陀佛的名號，然後以意識專注憶念。由於專注憶念佛號，便將眼、耳、鼻、舌、身、意這六根都攝住。因而，眼識、鼻識、舌識、身識和第六意識，都不起現行。念念念佛，無有間斷，念到極處，能念所念雙亡。這樣，恆審思量的末那識便寂定。和念脫落的境界持續，便進入另一化境。所謂眞妄和合的阿賴耶識中的妄念消盡，到此境界，第七識和第八識都不起現行。心主阿賴耶識既然不存在，附屬而生的也不會出現。因而，五十一種心所有法也就蕩然無存。就在那個時節，心海中的巨浪微波，都成靜止的水。八識裡的濃雲薄霧，全是澄清的碧空。唯是這個清淨的一心，再無別的法門。

㈢、觀想念佛

指方立相，住境念佛

今此觀門等，唯指方立相，住心而取境，總不明無相離念也。如來懸知末代罪濁衆生，立相住心尚不能得，何況離相而求事者。如似無術通人，居空立舍也。

善導大師：《觀經四帖疏》

語譯：如今這個觀想念佛的法門，只是指示方位，確立境相，住心而攝取境界，總不推重無相離念的修持。釋迦牟尼佛預見到末法時代罪惡穢濁的衆生，確立境相，安住心念尚且辦不到，更何況離相而求佛道。離相而求佛道，好比沒有法術神通的人，企望在虛空中建造樓舍一樣，是不可能辦到的。

日觀

凡作想者，一切衆生，自非生盲；有目之徒，皆見日沒。當起想念，正坐西向，諦觀於日欲沒之處，令心堅住，專想不移。見日欲沒，狀如懸鼓，即見日已，閉目開目，皆令明了，是爲日想，名爲初觀。

《佛說觀無量壽佛經》

說明：本章以下各章所列舉的「十六觀」是觀想念佛的主要內容。

語譯：凡是作觀想的人，一切衆生不會生來雙目俱盲；有眼睛的人，都能見到太陽沈落，作這觀想時，應當生起想念。端身正坐，面向西方。仔細觀想太陽沈沒的地方，使心念堅固地住在那景象上，專注觀想不移。見太陽將落時，形狀如同懸掛在空中的鼓。觀成這太陽後，閉眼時，開眼時，都應使這景象明白清楚。這就叫做日想，名爲初觀。

水觀

見水澄清，亦令明了，無分散意。既見水已，當起冰想，見冰映徹，作琉璃想。此想成已，見琉璃地，內外映徹。下有金剛七寶金幢，擎琉璃地。其幢八方，八楞具足。一一方面，百寶所成。一一寶珠，有千光明。一一光明，八萬四千色。映琉璃地，如億日月、不可具見。琉璃地上，以黃金繩，雜廁間錯，以七寶界，分齊分明。一一寶中有五百色光。其光如華，又似星月，懸處虛空，成光明臺，樓閣千萬。百寶合成，於臺兩邊，各有百億華幢，無量樂器，以爲莊嚴。八種清風，從光明出，鼓此樂器，演說苦、空、無常、無我之音。是爲水想，名第二觀。

《佛說觀無量壽佛經》

語譯：先作水想，專想水的澄清，使之明了清楚，令心不散。然後，令水作堅冰想，見冰明淨映；變冰爲琉璃想。琉璃觀想成後，觀見琉璃成地，內外明淨透徹。平地之下，有金剛七寶金柱支擎琉璃寶地。那些金柱有八方，具足八角。八方正面均以百寶所成。寶中有珠，珠珠有光，放數千種光明，每一光明有八萬四千種色。那種璀璨的光色，映照琉璃寶地，如百千億日月，目力難以睹見所有光色。琉璃地上，皆以寶繩作界。其繩由黃金所成，繩繩間錯。七種珍寶，各有分齊，眼見分明。一一寶中，有五百種色和五百種光。那些寶光如花、如星星、如月亮，懸在空中，變成光明寶臺；寶臺中現出千萬樓閣。那些樓閣都是百種珍寶自然合成。寶臺兩邊各有無數華幢樂器，演說苦、空、無常、無我的妙法。這就叫做水想，稱第二觀。

地觀

此想成時，一一觀之，極令了了，閉目開目，不令散失；唯除食時，恆憶此事。如此想者，名爲粗見極樂國也。若得三昧，見彼國地，了了分明，不可具說。是爲地想，名第三觀。

佛告阿難：「汝持佛語，爲未來世一切大衆欲脫苦者，說是觀地法。若觀是地者，除八十億劫生死之罪。捨身他世，必生淨國，心得無疑。」《佛說觀無量壽佛經》

語譯：由水觀想成冰，由冰觀想成琉璃地。琉璃地的上下，種種奇妙莊嚴，一一觀想，令那些境象清楚明了；閉眼開眼，不令散失。除飯食外，恆常憶想那些境象，這樣的觀想，就叫做粗略見到西方極樂世界。如果證得觀想三昧，所見到的彼國土便大不似從前，而儼如阿彌陀佛所居的淨刹。種種莊嚴色相，了了分明，非語言所能描述。這就叫做地想，名第三觀。

佛告知阿難：「你應奉持佛的教語，爲將來的一切大衆中希望離苦得樂的衆生，宣說這個觀地法。如果觀想地成，便能除滅八十億劫生死的罪業，命終之後，必定往生到清淨佛國，內心不會再有疑障。」

樹觀

觀寶樹者，一一觀之，作七種行樹想。一一樹高八千由旬，其諸寶樹，七寶花葉無不具足。一一花葉，作異寶色。琉璃色中，出金色光；玻璃色中，出紅色光；瑪瑙色中，出硨磲光；硨磲色中，出綠珍珠光；珊瑚琥珀，一切衆寶以爲映飾。妙真珠網，彌覆樹上。一一樹上有七重網，一一網間，有五百億妙花宮殿，如梵王宮。①

諸天童子，自然在中。一一童子，五百億釋迦毗楞伽摩尼②以爲瓔珞。其摩尼光照百由旬。猶如和合百億日月，不可具名。衆寶間錯，色中上者。此諸寶樹，行行相當，葉葉相次。於衆葉間，生諸妙花。花上自然有七寶果。一一樹葉，縱廣正等二十五由旬。其葉千色，有百種畫，如天瓔珞。有衆妙花，作閻浮檀金色③，如旋火輪，宛轉葉間，湧生諸果，如帝釋瓶。④

有大光明，化成幢幡無量寶蓋。是寶蓋中，映現三千大千世界一切佛事；十方佛國，亦於中現。見此樹已，亦當次第一一觀之。觀見樹莖枝葉花果，皆令分明。是爲樹想，名第四觀。

《佛說觀無量壽佛經》

注釋：①梵王宮：大梵天王的宮殿。②釋迦毗楞伽摩尼：寶珠名，譯為能勝，離垢。③閻浮檀金：閻浮指樹，檀為河。閻浮樹下有河，樹葉入水，變沙成金，這條河的金就叫閻浮檀金。此金的顏色赤黃，帶紫焰氣，勝過他處的金。④帝釋瓶：帝釋天的寶瓶。能隨願自然湧出萬物，又叫做吉祥瓶。

語譯：觀想寶樹時，應當一一仔細觀想。首先觀想極樂世界的琉璃地上，周邊皆有寶樹行列；行行皆有七重，不上不下，井井有條。每棵樹的高度均有三十二萬里。那些寶樹上，七種珍寶自然合成的枝葉花果，一一備具。一一花葉有種種奇妙的色，有種種奇妙的光，光與色宛轉變化，奇異殊特。青色的琉璃中放出金黃色光；黑色的玻璃中放出紅光；紅色的瑪瑙中放出白色光；白色的硨磲中放出綠色光；珊瑚琥珀等一切衆寶莊嚴映飾著寶樹。樹上更有奇妙的眞珠寶網，寶網也有七重；一一寶網間，又現出五百億妙花宮殿，如同大梵天王的宮殿那樣殊勝莊嚴。

五百億妙花宮殿中，自然出現諸天童子，一一童子均以五百億如意摩尼珠，以爲瓔珞來華飾自己。那些摩尼珠光，照耀數千里，猶如聚合了百億個日月的光明；光明四溢，難以言狀。無數珍寶交錯輝映，在一切光色中，最爲殊勝。

那些寶樹，行行排列有序，葉葉對稱，在衆多的樹葉間，生出無數的妙花。花上自然生出七寶果。一一樹葉的方圓大小，約有一千里。每片樹葉都有數千種光色，樹葉上有百種彩畫，猶如天上的瓔珞。衆多的妙花呈閻浮檀金色，如同旋轉的火輪，宛轉在樹葉間。這些樹葉如同帝釋天的如意寶瓶那樣，自然隨意生出各色各樣的果實。

樹放大光明，光明化成無數的幢幡、無量的寶蓋。那些寶蓋中，映現三千大千世界，及其一佛國中的八相成道的佛事，一一顯現；十方佛剎也在寶蓋中顯現。觀想成寶樹後，也應當次第一一觀之。觀想寶樹的莖、枝、葉、花、果等，都應清楚明白，這樣的觀想叫做樹想，名第四觀。

八功德水觀

極樂國土，有八池水。一一池水，七寶所成。其寶柔軟，從如意珠王①生，分爲十四支。一一支，作七寶妙色。黃金爲渠，渠下皆以雜色金剛，以爲底沙。一一水中，有六十億七寶蓮華；一一蓮華，團圓正等十二由旬。其摩尼水，流注華間，尋樹上下。其聲微妙，演說苦、空、無常、無我諸波羅蜜。復有贊嘆諸佛相好者。如意珠王，湧出金色，微妙光明。其光化爲百寶色鳥，和鳴哀雅，常贊念佛、念法、念僧，是爲八功德水想，名第五觀。

《佛說觀無量壽佛經》

注釋：①如意珠王：如意珠中最為殊勝的，所以稱作王。

語譯：西方極樂世界中有無量無數不可說池，池中有水，水有八種功德。每一池水，均是七寶所成。西方淨土中的七寶，體性柔軟，都出自如意珠王中。池水自一一源出，分作十四支流。一一支流，又有七寶奇妙的光色。黃金爲池，池底有沙，沙名金剛，色彩斑斕，上下明徹。一一水中有六十億七寶蓮花。一一蓮花，團圓正等四百八十里。那些摩尼水，柔軟輕揚，在寶樹的妙花之中流注，並循著寶樹上下宛轉。

池水流動，音聲微妙；一種音聲演說妙法，衆生隨其類別與修行所得的品位，各各能夠理解。小乘根性人所聽到的是苦、空、無常、無我四念處法；大乘根性人所聽到的是布施、持戒、忍辱、精進等諸波羅蜜；池水的音聲還贊嘆諸佛相好等功德。又從如意珠中，湧出微妙金色光明，那些光明化爲百寶色鳥，百寶色鳥發出和鳴哀雅的音聲，贊嘆三寶（佛、法、僧）的功德。令聽到這音聲的人，自然生出念佛、念法、念僧之心，這就叫做八功德水想，名第五觀。

總觀想

眾寶國土，一一界上，有五百億寶樓。其樓閣中，有無量諸天作天伎樂。又有樂器懸處虛空，如天寶幢，不鼓自鳴。此眾音中，皆說念佛、念法、念比丘僧。此想成已，名為粗見西方極樂世界寶樹、寶地、寶池。是為總觀想，名第六觀。若見此者，除無量億劫極重惡業。命終之後，必生彼國。《佛說觀無量壽佛經》

語譯：眾寶合成的國土上，每一界域中，都有五百億寶樓。那些樓閣中，有無量無數的天人鼓奏天樂。又有無數的樂器懸在虛空，猶如天上的寶幢，不待鼓奏，自然發出音響。這眾多的音聲，都是宣說念佛、念法、念比丘僧。這種觀想成就，就叫做粗見西方極樂世界，寶樹、寶地、寶池。這即是總觀想，名第六觀。

假若如法成就這總觀想，便能除滅無量億劫極重的惡業。命終後必定生到西方極樂世界。

華座想

欲觀彼佛者，當起想念，於七寶地上作蓮華（花）想。令其蓮華一一葉上作百寶色。有八萬四千脈，猶如天畫。脈有八萬四千光，了了分明，皆令得見。華葉小者，縱廣二百五十由旬。如是蓮華具有八萬四千葉。

一一葉間，有百億摩尼珠王以爲映飾。一一摩尼珠放千光明。其光如蓋，七寶合成，遍覆地上。釋迦毗楞伽寶以爲其臺。此蓮華臺，八萬金剛甄叔迦寶①、梵摩尼寶②、妙真珠網③以爲校飾。於其臺上，自然而有四柱寶幢。一一寶幢，如百千萬億須彌山。幢上寶幔，如夜摩天宮。復有五百億微妙寶珠，以爲映飾。一一寶珠，有八萬四千光。一一光，作八萬四千異種金色；一一金色，遍其寶土。處處變化，各作異相。或爲金剛臺，或作真珠網，或作雜華雲。於十方面隨意變現，施作佛事。是爲華座想，名第七觀。此想成者，滅除五萬億劫生死之罪，必定當生極樂世界。

《佛說觀無量壽佛經》

注釋：①甄叔迦：寶石名，譯為赤寶。②梵摩尼：譯作淨珠，又稱大梵天王的如意寶珠。③妙真珠網：以殊妙的真珠所造的網。

語譯：希望觀想西方淨土阿彌陀佛的人，應當生起想念，在七寶地上作蓮花想。觀想蓮花的每瓣葉上有數百種珍寶的顏色。一一花葉上又有八萬四千微細的紋脈，猶如天然的妙畫。每一葉脈又有八萬四千光，了了分明，皆令觀見。小的花葉縱廣也有一萬里。這些蓮花均有八萬四千花葉。一一花葉間，有百億摩尼珠王以為映飾。一一摩尼珠放千道光明。那些寶光猶如傘蓋，皆由七寶合成，遍覆在寶地上。

又有離垢寶珠合成的蓮花臺，八方金剛赤寶、如意寶珠，以及殊妙的眞珠網，校飾莊嚴這蓮花臺。在這蓮花臺上，自然而有四柱寶幢，一一寶幢的形狀猶如百千萬億須彌山。寶幢上的寶幔猶如夜摩天宮。又有五百億微妙寶珠，莊嚴蓮花臺上的寶幔。一一寶珠有八萬四千種光明，一一光明有八萬四千各異的金色，一一金色遍灑寶土。處處變化，各呈奇異相狀。或為金剛臺，或作眞珠網，或作五彩斑爛的蓮花羣。這些奇異的相狀在十方各處隨意變現，施作佛事。這就叫做花座想，名第七觀。

如果這個觀想成就，便能除滅五萬億劫的生死之罪，命終時必定能夠生到西方極樂世界。

像觀

想彼佛者，先當想像。閉目開目，見一寶像，如閻浮檀金色，坐彼華（花）上。見像坐已，心眼得開。了了分明見極樂國七寶莊嚴。寶地寶池，寶樹行列。諸天寶幔彌覆其上，衆寶羅網滿虛空中。見如此事，極令明了，如觀掌中。

復當更作一大蓮華，在佛左邊，如前蓮華，等無有異。復作一大蓮華，在佛右邊。想一觀世音菩薩像，坐左華座。亦作金色，如前無異；想一大勢至菩薩像，坐右華座。此想成時，佛、菩薩像皆放光明，其光金色，照諸寶樹。一一樹下，亦有三蓮華，諸蓮華上，各有一佛二菩薩像，遍滿彼國。

此想成時，行者當聞水流光明，及諸寶樹、鳧①雁鴛鴦，皆說妙法。出定入定，恆聞妙法。行者所聞，出定之時，憶持不捨。令與修多羅②合。名為粗想見極

樂世界，是爲像觀，名第八觀。作是觀者，除無量億劫生死之罪，於現身中，得念佛三昧。《佛說觀無量壽佛經》

注釋：①鳧：野鴨。②修多羅：意指契經。

語譯：如欲觀想阿彌陀佛，應當首先觀想佛像。開眼閉眼觀見阿彌陀佛的寶像。這尊佛像呈閻浮檀金色，坐在蓮花上。

觀想佛像成功後，心眼得以開發，就能了了分明地見到西方極樂世界的七寶莊嚴。寶地、寶池、寶樹行列。一切天人的寶幔普遍地覆蓋在寶地、寶樹上面。衆寶合成的羅網滿佈在虛空中。觀見這些事境，極力令其清楚明白，如同觀看掌中之物。

又應進一步觀想一朵大蓮花，佛像的左邊，形狀與佛所坐的蓮花無二無別，又再觀想一朵大蓮花在佛像的右邊。觀想觀世音菩薩像，坐在左花座上，蓮花也呈金色，與佛所坐的蓮花顏色一樣。觀想一大勢至菩薩像，坐在右花座上。

三聖像觀想成時，一佛二菩薩的像都放光明。光明呈現金色，映照一切寶樹。

一一寶樹下，也有三朵蓮花，諸蓮花上，各有一佛二菩薩像，遍佈西方極樂世界。

這種觀想成功時，修行者能夠看到水流光明，及其聽到一切寶樹、野鴨、雁子、鴛鴦等，都在宣說妙法。修行者不僅在入定時能夠聽聞到，在出定時也同樣能聽聞到。能夠將這境相懷念保持，不致捨離。並能使這境界符合佛經所描述的。如能契合，就叫做粗想見到西方極樂世界，這就是像想，名第八觀。

作這種像觀，能夠除滅無量億劫生死的罪業，在現世中，能夠證得念佛三昧。

佛身觀

次當更觀無量壽佛身相光明。當知無量壽佛身，如百千億夜摩天閻浮檀金色，佛身高六十萬億那由他恆河沙由旬。眉間白毫，右旋宛轉，如五須彌山。彼佛圓光，如百億三千大千世界。於圓光中，有百萬億那由他恆河沙化佛。一一化佛，亦有衆多無數化菩薩以爲侍者。無量壽佛有八萬四千相，一一相中，各有八萬四千隨形好，一一好中，復有八萬四千光明，一一光明，遍照十方世界念佛衆生，攝取不捨。

其光相好，及與化佛，不可具說。但當憶想，令心眼見。見此事者，即見十方一切諸佛。以見諸佛故，名念佛三昧。作是觀者，名觀一切佛身。以觀佛身故，亦見佛心。佛心者，大慈悲是，以無緣慈，攝諸衆生。

作此觀者，捨身他世，生諸佛前，得無生忍。是故智者，應當繫心諦觀無量壽佛。觀無量壽佛者，從一相好入。但觀眉間白毫，極令明了。見眉間白毫相者，八萬四千相好，自然當現。見無量壽佛者，即見十方無量諸佛。得見無量諸佛故，諸佛現在授記。是爲遍觀一切色身相，名第九觀。

《佛說觀無量壽佛經》

語譯：然後應當進一步觀想阿彌陀佛的身相光明。應當知道，阿彌陀佛身色猶如百千億夜摩天閻浮檀金色。佛的身高有六十萬億億恒河沙由旬（一由旬等於四十里）。阿彌陀佛兩眉中間的白毫，右旋宛轉，如五座須彌山那樣的長（須彌山高三百三十六萬里）。阿彌陀佛的圓光，大如百億三千大千世界。在佛的圓光中，有百萬億億恒河沙的化佛；一一化佛，又有衆多無數化菩薩以爲侍者。阿彌陀佛有八萬四千相，一一相中，各有八萬四千隨形好；一一隨形好中，又有八萬四千光明；一一光明，遍照十方世界念佛的衆生，攝取不捨。

阿彌陀佛的光明相好，以及無數化佛的光明相好，言語難以描述。只是應當憶想，使心眼觀見。觀見阿彌陀佛，即見十方一切諸佛。由於見一佛即是見一切諸佛，所以，見到阿彌陀佛叫做念佛三昧。作這種觀想，名叫觀一切佛身。以觀想佛身的緣故，也能見到佛心。什麼是佛心呢？佛心就是大慈悲，佛以無條件的慈悲，攝取一切衆生。

作佛身觀的衆生，命終之後，生到諸佛前，證得不生不滅的眞如法性。所以，一切有智慧的衆生，應當繫心仔細觀想阿彌陀佛。觀想阿彌陀佛身，可以從觀想一種相好入手。只是觀想眉間白毫相，極力令白毫相明了淸楚。白毫相觀想成功，則阿彌陀佛的八萬四千相好，自然會顯現。觀見阿彌陀佛，即見十方無量諸佛；由於見到無量諸佛，現前便能得到諸佛的授記。這就叫做遍觀一切色身相，名第九觀。

觀世音菩薩觀

見無量壽佛了了分明已，次復應觀觀世音菩薩。此菩薩身長八十萬億那由他由旬，身紫金色。頂有肉髻①，項有圓光，面各百千由旬。其圓光中，有五百化佛，如釋迦牟尼。一一化佛，有五百化菩薩，無量諸天，以爲侍者。舉身光中，五道衆生一切色相，皆於中現。頂上毗楞伽摩尼寶以爲天冠，其天冠中，有一立化佛，高二十五由旬。

觀世音菩薩，面如閻浮檀金色。眉間毫相，備七寶色，流出八萬四千種光明。一一光明，有無量無數百千化佛。一一化佛，無數化菩薩以爲侍者。變現自在，滿十方世界。臂如紅蓮花色，有八十億微妙光明，以爲瓔珞。其瓔珞中，普現一切諸莊嚴事。手掌作五百億雜蓮花色，手十指端，一一指端有八萬四千畫，猶如印文。一一畫，有八萬四千色，一一色，有八萬四千光。其光柔軟，普照一切。以此寶手，接引衆生。舉足時，足下有千輻輪相②，自然化成有五百億光明臺；下足時，有金剛摩尼花布散一切，莫不彌滿。

其餘身相，衆好具足，如佛無異。唯頂上肉髻，及無見頂相③不及世尊。是爲觀觀世音菩薩真實色身相。名第十觀。

作是觀者，不遇諸禍，淨除業障，除無數劫生死之罪。如此菩薩，但聞其名，獲無量福，何況諦觀？

《佛說觀無量壽佛經》

注釋：①肉髻：佛頂上有一如髻狀的肉團，名肉髻。即是三十二相中的無見頂相。②千輻輪相：佛的三十二相之一。佛的足下有千輻輪的印紋十，標誌駕御一切的法王相。③無見頂相：佛的三十二相之一，即肉髻相，以一切有情眾生都不能見，所以稱為無見頂相。

語譯：觀想阿彌陀佛身相了了分明後，應當進一步觀想觀世音菩薩的身相。觀世音菩薩的身長八十萬億億由旬，身呈紫金色。頭頂有肉髻，頸的後部有圓光，面部各有千萬里。在觀世音菩薩的圓光中，有五百尊化佛，那些化佛像釋迦牟尼佛一樣。一一化佛，又有五百尊化菩薩，及無量無數的天人充作侍者。在觀世音菩薩的通身光明中，五道（天、人、畜生、餓鬼、地獄）眾生的一切色相，都在光中顯現出來。觀世音菩薩的頭頂上戴有無量清淨珠寶綴成的天冠。那天冠中，有一站立著的化佛，高一千里。

觀世音菩薩的面容，猶如閻浮檀金色。眉間的白毫相，具備七種珍寶的顏色，一一顏色流出八萬四千種光明；一一光明有無量無數的百千化佛；一一化佛有無數化菩薩充作侍者。那些化佛、化菩薩，變現自在，遍滿十方世界。

觀世音菩薩的手臂呈紅蓮花的顏色，有八十億妙光為瓔珞，瓔珞中普現一切莊嚴事相。手掌呈五百億雜蓮花的顏色，手的十個指端各有八萬四千畫，猶如印文。一一畫各有八萬四千色；一一色各有八萬四千光；那些光明柔軟，普照一切。觀世音菩薩用這雙寶手接引衆生。觀世音菩薩擡起足時，足下有千輻輪相，千輻輪相自然化現五百億光明臺；下足的時候，足下自然湧現金剛摩尼花，那些寶花，散佈四處，佛國中無不遍滿。

觀世音菩薩的其餘身相，也是具足一切莊嚴妙好，與佛的身相無二無別。唯有頭頂上的肉髻，以及無見頂相這種相好不及佛陀。這就叫做觀觀世音菩薩眞實色身相，名第十觀。

作這種觀想的衆生，不會遭遇諸禍，能夠淨除業障，除無數劫生死之罪。這個觀世音菩薩，只要聽聞到他的名號，就能獲得無量的福德，何況仔細觀想觀世音菩薩的身相，其福報更是不可稱量。

大勢至菩薩觀

次觀大勢至菩薩，此菩薩身量大小，亦如觀世音。圓光面各百二十五由旬，照二百五十由旬。舉身光明，照十方國，作紫金色。有緣衆生，皆悉得見。但見此菩薩一毛孔光，即見十方無量諸佛淨妙光明。是故號此菩薩名無邊光。以智慧光，普照一切。令離三途，得無上力。是故號此菩薩爲大勢至。

此菩薩天冠，有五百寶花。一一寶花，有五百寶臺；一一臺中，十方諸佛淨妙國土廣長之相，皆於中現。頂上肉髻，如鉢頭摩花①，於肉髻上有一寶瓶，盛諸光明，普現佛事。餘諸身相，如觀世音等無有異。

此菩薩行時，十方世界，一切震動。當地動處，有五百億寶花；一一寶花，莊嚴高顯如極樂世界。此菩薩坐時，七寶國土，一時動搖。從下方金光佛剎，乃至上方光明王佛剎，於其中間，無量塵數分身無量壽佛，分身觀世音、大勢至，皆悉雲集極樂國土；稷②塞空中，坐蓮花座，演說妙法，度苦衆生。作此觀者，名爲觀見大勢至菩薩，是爲觀大勢至色身相。觀此菩薩者，名第十一觀。

除無數劫阿僧祇生死之罪。作是觀者，不處胞胎，常遊諸佛淨妙國土。此觀成已，名爲具足觀觀世音、大勢至。

《佛說觀無量壽佛經》

注釋：①鉢頭摩花：赤蓮花。②稷：快速。

語譯：其次，觀想大勢至菩薩，大勢至菩薩的身量大小，也和觀世音菩薩一樣。身項圓光和面部各有一千里，光明照耀一萬里。大勢至菩薩的通身光明，照十方國土，身呈紫金色。與大勢至菩薩有緣的衆生，都能見到。只要見到大勢至菩薩一毛孔的光，即是見到十方世界無量諸佛的清淨微妙的光明。所以，便稱那個菩薩叫無邊光。由於那菩薩以智慧光，普照一切。令無量衆生脫離三惡道（畜生、餓鬼、地獄），獲得無上力。所以，便稱那位菩薩爲大勢至。

大勢至菩薩的天冠上，有五百種寶花。一一寶花，有五百寶臺；一一寶臺中，十方諸佛的清淨微妙國土的廣闊綿長的境相，都在寶臺中顯現。大勢至菩薩頭頂上的肉髻猶如赤蓮花，在肉髻上有一寶瓶，寶瓶盛滿諸多的光明，光明中顯現佛事。大勢至菩薩其餘的身相，與觀世音菩薩的身相無二無別。

大勢至菩薩行動時，十方世界中一切震動。在地動處，即刻湧現五百億寶花。一一寶花的莊嚴高大，與西方極樂世界的寶花一樣。大勢至菩薩安坐時，七寶國土一時動搖。從下方世界的金光佛刹，直至上方世界的光明王佛刹，在那些佛刹中間，有無量塵數分身阿彌陀佛，分身觀世音菩薩、大勢至菩薩。那些分身三聖，全都雲集在西方極樂世界，很快就彌滿空中；端坐在蓮花座上，演說妙法，救度苦難的衆生。作這種觀想，叫做觀見大勢至菩薩。這就稱爲觀大勢至菩薩色身相。觀想大勢至菩薩，名第十一觀。

這個觀想成就，能除滅無量無數劫的生死之罪。作這個觀想的衆生，不再投生胞胎，恆常遊化諸佛的淨妙國土。此觀想成就，名爲具足觀想觀世音菩薩、大勢至菩薩。

普觀想

見此事時，當起自心生於西方極樂世界，於蓮花中，結跏趺坐。作蓮花合想，作蓮花開想。蓮花開時，有五百色光來照身想。眼目開想，見佛、菩薩滿虛空中。水、鳥、樹林，及與諸佛所出音聲，皆演妙法。與十二部經①合。若出定之時，憶持不失。見此事已，名見無量壽佛極樂世界。是爲普觀想，名第十二觀。

《佛說觀無量壽佛經》

注釋：①十二部經：一切佛經分為十二種類：㈠、契經，㈡、重頌，㈢、諷頌，㈣、因緣，㈤、本事，㈥、本生，㈦、未曾有，㈧、譬喻，㈨、論議，㈩、自說，⑾、方廣，⑿、授記。

語譯：觀見上述種種事境時，應當心想自己往生到了西方極樂世界，在蓮花中，結跏趺坐。觀想那蓮花閉合，觀想那蓮花綻開。蓮花綻開時，觀想有五百種色與光注照自身。觀想自己的眼目睜開，看見諸佛、菩薩遍滿虛空。西方淨土中的水、鳥、樹林，及其與諸佛所發出的音聲，都在演說妙法。這些妙法與佛的十二部經符合。好像剛出定的時候，能記憶保持住上述境相。觀見這事境後，就叫做觀見阿彌陀佛的西方極樂世界。這就是普觀想，名第十二觀。

雜想觀

若欲至心生西方者，先當觀於一丈六像，在池水上。如先所說無量壽佛身量無邊，非是凡夫心力所及。然彼如來宿願力故，有憶想者，必得成就。但想佛像，得無量福，況復觀佛具足身相。

阿彌陀佛神通如意，於十方國，變現自在。或現大身、滿虛空中；或現小身，丈六八尺。所現之形，皆真金色。圓光化佛，及寶蓮花。如上所說。

觀世音菩薩，及大勢至。於一切處，身同衆生。但觀手相，知是觀世音，知是大勢至。此二菩薩，助阿彌陀佛，普化一切。是爲雜想觀，名第十三觀。

《佛說觀無量壽佛經》

語譯：假若至心希望往生西方極樂世界的衆生，首先應當觀想在池水上，有一尊一丈六尺高的阿彌陀佛像。如上文所述，阿彌陀佛的身量無邊，不是凡夫的心力劣想所能企及。然而，由於阿彌陀佛因地修行時的願力，能令衆生憶想阿彌陀佛像的心願，必獲成就。只要觀想佛像，就能得到無量的福，何況還觀想佛所具足的諸種身相，更是獲福無量。

阿彌陀佛神通如意，在十方世界變現自在。或是變現大身，滿虛空中。或是變現小身，一丈六尺或八尺。所變現的身形，都呈眞金色。圓光中的化佛，及其寶蓮花，如上文所宣示的一樣。

觀世音菩薩與大勢至菩薩在一切處，身相與衆生一樣。只要觀察手相，便可知道誰是觀世音菩薩，誰是大勢至菩薩。這二大菩薩，襄助阿彌陀佛，普遍教化一切衆生。這是雜想觀，名第十三觀。

上品上生者

上品上生者。若有衆生，願生彼國者，發三種心，即便往生。何等爲三？一者至誠心，二者深心，三者迴向發願心。具三心者，必生彼國。

復有三種衆生，當得往生。何等爲三？一者慈心不殺，具諸戒行，二者讀誦大乘方等經典，三者修行六念①，迴向發願，願生彼國。具此功德，一日乃至七日，即得往生。

生彼國時，此人精進勇猛故，阿彌陀如來，與觀世音、大勢至、無數化佛、百千比丘、聲聞大衆、無量諸天、七寶宮殿，觀世音菩薩執金剛臺②，與大勢至菩薩至行者前。阿彌陀佛放大光明，照行者身，與諸菩薩，授手迎接。觀世音、大勢至與無數菩薩，讚嘆行者，勸進其心。

行者見已，歡喜踴躍；自見其身，乘金剛臺，隨從佛後，如彈指頃，往生彼國。生彼國已，見佛色身衆相具足，見諸菩薩色相具足；光明寶林，演說妙法。聞已即悟無生法忍。經須臾間，歷事諸佛，遍十方界。於諸佛前，次第受記，還至本國，得無量百千陀羅尼門。是名上品上生者。

《佛說觀無量壽佛經》

注釋：①六念：念佛、念法、念僧、念戒、念施、念天。②金剛臺：金剛合成的臺座。

語譯：上品上生的條件：若有衆生願生西方極樂世界，如果能發三種心，即得往生。是哪三種心呢？第一：至誠心，第二：深心，第三：迴向發願心。具備這三心的衆生，必定生到西方極樂世界。

又有三種類型的衆生，能夠生到西方極樂世界。是哪三類衆生呢？第一種是：以無緣慈，不害物命；奉持諸戒，廣修德行。第二種是：讀誦大乘方等部經典。第三種是：修行六念（念佛、念法、念僧、念戒、念施、念天），將自己修行的功德，善巧迴向，願生西方極樂世界。具備以上功德的衆生，一日乃至七日，即得往生西方極樂世界。

由於這修行人生前精進勇猛，修行不懈；所以在臨命終時，阿彌陀佛與觀世音菩薩、大勢至菩薩、無數的化佛、百千比丘、聲聞大衆、無量的諸天人、七寶宮殿等一齊來到。觀世音菩薩手執金剛臺，與大勢至菩薩一道，來到這修行人面前。阿彌陀佛放大光明，光明照注在這修行人身上，與衆多的菩薩一道，授手迎接這修行人。觀世音菩薩、大勢至菩薩與無數的菩薩，贊嘆勸進這修行人，安慰其心。

這修行人見到如此殊勝的境相，生大歡喜。自己見到自己的身體，乘金剛臺，隨從在阿彌陀佛的後邊，頃刻彈指間，往生到西方極樂世界。生到西方極樂世界後，親眼見到阿彌陀佛的色身衆相，一一具足；見到諸菩薩的色相，也一一具足。又聽聞到光明寶林，演說妙法，聽聞到那些法音即得證悟無生法忍。經少頃時，即能遊歷十方世界承事諸佛，並且承諸佛次第授記。得授記後，便回到西方極樂世界，證得無量百千總持法門。這就叫上品上生。

上品中生者

不必受持讀誦方等經典①，善解義趣。於第一義②，心不驚動。深信因果，不謗大乘。以此功德迴向，願求生極樂國。

行此行者，命欲終時，阿彌陀佛與觀世音、大勢至、無量大衆眷屬圍繞，持紫金臺，至行者前。贊言法子：「汝行大乘，解第一義，是故我今來迎接汝。」與千化佛，一時授手。

行者自見坐紫金臺合掌叉手，贊嘆諸佛。如一念頃，即生彼國七寶池中。作紫金臺，如大寶華，經宿則開。

行者身作紫磨金色，足下亦有七寶蓮花。佛及菩薩俱時放光，照行者身，目即開明。因前宿習，普聞衆聲，純說甚深第一義諦。即下金臺，禮佛合掌，贊嘆世尊。經於七日，應時即於阿耨多羅三藐三菩提，得不退轉。應時即能飛行，遍至十方，歷事諸佛。於諸佛所，修諸三昧。經一小劫，得無生忍，現前受記③。是名上品中生者。

《佛說觀無量壽佛經》

注釋：①方等經典：大乘經典的總稱。方等意即方廣平等。②第一義：無上究竟的真理。③現前受記：四種授記之一，見菩薩根性成熟，現於一切大衆前授成佛的記。

語譯：上品中生的條件：這類修行人不必讀誦大乘經典，只要在經典中取一句一偈，深窮旨趣，對無上窮究的眞理，心不驚動。了達因果，皆是實相。對大乘佛理，不生疑謗。以這些功德善巧迴向，願求生西方極樂世界。

作這種修行的行者，在臨命終時，阿彌陀佛與觀世音菩薩、大勢至菩薩及其無量大衆眷屬圍繞。阿彌陀佛手持紫金臺，到這修行人面前。贊嘆道：「法子！你修行大乘佛法，悟解無上究竟的眞理。所以，我現在來迎接你。」說著，阿彌陀佛與百千化佛，同時授手迎接。

這修行人自見自己坐在紫金臺上合掌叉手，贊嘆諸佛。一剎那間，即得生到西方極樂世界七寶池中。這紫金臺如大寶花，經過一夜，才舒展開敷。

這修行人身呈紫磨金色，足下也有七寶蓮花。阿彌陀佛及諸菩薩同時放光，光明照觸那修行人身上。那修行人眼目開啓明亮，沿襲先前宿世修持的習慣，普聞衆多的音聲，純說甚深無上究竟的眞理。那修行人即下紫金臺，向阿彌陀佛頂禮合掌，至誠贊嘆世尊。經過七日，即於無上正等正覺，證得不退轉位；應時就能夠飛行自在，遍至十方世界，供養承事諸佛。在諸佛的道場，修持諸種三昧。歷經一小劫，證得無生法忍；現於一切大衆前，得阿彌陀佛所授的成佛的記號。這就叫做上品中生。

上品下生者

亦信因，不謗大乘；但發無上道心，以此功德迴向，願求生極樂國。行者命欲終時，阿彌陀佛及觀世音、大勢至，與諸菩薩，持金蓮花，化作五百佛，來迎此人。五百化佛一時授手，贊言法子：「汝今清淨，發無上道心，我來迎汝。」見此事時，即自見身坐金蓮花。坐已花合，隨世尊後，即得往生七寶池中。

一日一夜，蓮花乃開；七日之中，乃得見佛。雖見佛身於衆相好，心不明了。於三七日後，乃了了見，聞衆音聲，皆演妙法。遊歷十方，供養諸佛。於諸佛前，聞甚深法。經三小劫，得百法明門①，住歡喜地②，是名上品下生者。是名上輩生想。名第十四觀。

《佛說觀無量壽佛經》

注釋：①百法明門：菩薩證到初地果位時所得的智慧。智慧能通入百法的真性，所以名為明門。②歡喜地：大乘菩薩十地果位中的初地。初得聖性，生大歡喜，所以稱歡喜地。

語譯：上品下生的條件：也深信因果，不誹謗大乘佛法；只要眞正發菩提心，以此功德迴向，發願求生西方極樂世界；那麼，那修行人在臨命終時，阿彌陀佛及觀世音菩薩、大勢至菩薩，與諸菩薩衆持金蓮花，化作五百尊佛，前來迎接那修行人。五百化佛同時授手迎接，贊嘆說：「法子！你現今心地淸淨，發了無上道心，我來迎接你。」那修行人見到這個境相，即刻自見自己身坐在金蓮花上；端坐好後，蓮花便閉合；隨化佛的後面，即得往生到西方極樂世界的七寶池中。

在七寶池中，經一日一夜，蓮花才開敷。七日之中，才能見到阿彌陀佛。雖然見到阿彌陀佛身相，但對佛的身的衆相妙好，心不明了。經二十一日後，才能明白地見到阿彌陀佛的八萬四千相好光明，聽聞到衆多的音聲，都在演說妙法。遊歷十方世界供養諸佛。在諸佛的座前，聽聞甚深微妙的法。這樣歷經三小劫，證得通達百法眞性的智慧，得到歡喜地的聖果。這就叫做上品下生。

以上三種稱爲上輩生想。名第十四觀。

中品上生者

若有衆生，受持五戒，持八戒齋①，修行諸戒，不造五逆，無衆過患；以此善根迴向，願求生於西方極樂世界。臨命終時，阿彌陀佛，與諸比丘眷屬圍繞，放金色光，至其人所。演說苦、空、無常、無我。讚嘆出家，得離衆苦。行者見已，心大歡喜。自見己身坐蓮花臺，長跪合掌，爲佛作禮。未舉頭頃，即得往生極樂世界，蓮花尋開。當花敷時，聞衆音聲，讚嘆四諦，應時即得阿羅漢道。三明②六通③具八解脫④，是名中品上生者。

《佛說觀無量壽佛經》

注釋：①八戒齋：是過去、現在諸佛為在家人所制的出家法。一、不殺；二、不盜；三、不淫；四、不妄語；五、不飲酒；六、不坐高廣大牀；七、不作倡伎故往觀聽，不著香薰衣；八、不過中食。②三明：宿命明、天眼明、漏盡明。③六通：宿命通、他心通、天耳通、天眼通、神足通、漏盡通。三明六通是阿羅漢所具的功德。④八解脫：以八種禪定解脫煩惱的繫縛。一、內有色想觀外色解脫；二、內無色想觀外色解脫；三、淨解脫身作證具足住；四、空無邊解脫。五、識無邊處解脫。六、無所有處解脫。七、非想非非想處解脫。八、滅受想定身作證具住。

語譯：若有眾生受持五戒和八戒齋，修行戒、定、慧三學，不造五逆罪（弒父、殺母、殺阿羅漢、破和合僧、出佛身血），沒有眾多的過失錯誤；以這些善根德行迴向，發願求生西方極樂世界。那修行人臨命終時，阿彌陀佛與諸比丘眷屬圍繞，佛放金色光明，來到那修行人的住所，演說苦、空、無常、無我，贊嘆出離煩惱之家，得以脫離眾苦。那修行人見到這殊勝的境相，心生大歡喜。自見自己的身體端坐在蓮花臺上，長跪合掌，向佛頂禮。在還沒有來得及擡頭的剎那，便往生到了西方極樂世界。一經生到那裡，蓮花即刻開敷。當蓮花開敷時，那往生者便聽聞到眾多的音聲，讚嘆四諦（苦、集、滅、道）。聽聞到這些妙法，當時便證得阿羅漢果，得三明、六通，具足八解脫的禪慧。這就叫做中品上生。

中品中生者

若有衆生，若一日一夜，持八戒齋；若一日一夜，持沙彌戒①；若一日一夜，持具足戒②，威儀無缺。以此功德迴向，願求生極樂國，戒香③熏修。如此行者，命欲終時，見阿彌陀佛，與諸眷屬，放金色光，持七寶蓮花，至行者前。行者自聞空中有聲，讚言：「善男子！如汝善人，隨順三世諸佛教，故我來迎汝。」行者自見坐蓮花上，蓮花即合，生於西方極樂世界。在寶池中，經於七日，蓮花乃敷。花既敷已，開目合掌，讚嘆世尊。聞法歡喜，得須陀洹。經半劫已，成阿羅漢。是名中品中生者。

《佛說觀無量壽佛經》

注釋：①沙彌戒：沙彌十戒。一、不殺生；二、不偷盜；三、不非梵行（不淫）；四、不妄語。五、不飲酒；六、不著香花鬘，不香油塗身；七、不歌舞倡伎，不故往觀聽；八、不坐臥高廣大牀；九、不非時食，十、不捉持生像金銀寶物。②具足戒：比丘、比丘尼應當受持的戒。比丘為二百五十戒，比丘尼為五百戒

（實為三百四十八戒）。③戒香：戒德熏於四方，以香為喻。

語譯：若有衆生或一日一夜受持八戒齋；或一日一夜受持沙彌戒；或一日一夜受持具足戒（比丘二百五十戒、比丘尼三百四十八戒）。行住坐臥，威儀無缺。以這功德迴向，發願求生西方極樂世界，持戒的功德如同檀香，熏修內心，長養善根。這修行人臨命終時，見到阿彌陀佛與諸多聖衆，放金色光明，手持七寶蓮花，來到自己的面前。這修行人即時聽聞到有聲音從空中傳來，贊嘆道：「善男子！像你這樣的善人，能隨順三世諸佛的教語，所以我前來迎接你。」那修行人自見自己坐在蓮花上，蓮花即時閉合，瞬間便往生到西方極樂世界。在七寶池中，經過七日後，蓮花才開敷。蓮花開敷後，這修行人睜開眼睛，合掌頂禮，贊嘆阿彌陀佛。聽聞到妙法，生歡喜心，證得須陀洹果。歷經半小劫後，證得阿羅漢果。這就叫做中品中生。

中品下生者

若有善男子、善女人，孝養父母，行世仁慈。此人命欲終時，遇善知識，爲其廣說阿彌陀佛國土樂事，亦說法藏比丘四十八願。聞此事已，尋即命終，譬如壯士屈伸臂頃，即生西方極樂世界。經七日已，遇觀世音，及大勢至。聞法歡喜，得須陀洹。過一小劫，成阿羅漢。是名中品下生者。是名中輩生想，名第十五歡。

《佛說觀無量壽佛經》

語譯：若有善男子、善女人，孝養父母，以仁義慈悲心，待人處世。這善男子、善女人，臨命終時，遇上善知識，爲其廣泛詳說阿彌陀佛的功德，以及西方極樂世界的種種依正莊嚴，並陳說法藏比丘的四十八大願。這善男子、善女人，聽到淨宗妙法後，解悟大乘，發心猛利，即在臨命終之際，不經中陰，即生到西方極樂世界，快如壯士屈臂伸膀之頃。生到西方淨土的七日後，遇見觀世音菩薩與大勢至菩薩，聽聞二大菩薩講經說法，生歡喜心，當即證得須陀洹果。經過一小劫，成就阿羅漢果。這叫做中品下生。

以上三種稱爲中輩生想，名第十五觀。

下品上生者

或有衆生，作衆惡業；雖不誹謗方等經典，如此愚人，多造惡法，無有慚愧。命欲終時，遇善知識，爲說大乘十二部經首題名字。以聞如是諸經名故，除卻千劫極重惡業。智者復教合掌叉手，稱南無阿彌陀佛。稱佛名故，除五十億劫生死之罪。

爾時，彼佛即遣化佛，化觀世音，化大勢至，至行者前。讚言：「善男子！以汝稱佛名故，諸罪消滅，我來迎汝。」作是語已，行者即見化佛光明，遍滿其室。見已歡喜，即便命終。乘寶蓮花，隨化佛後，生寶池中。經七七日，蓮花乃敷。當花敷時，大悲觀世音菩薩及大勢至菩薩，放大光明，住其人前，爲說甚深十二部經。聞已信解，發無上道心。經十小劫，具百法明門，得入初地。是名下品上生者。

《佛說觀無量壽佛經》

語譯：或者有一些衆生，曾造作衆多的惡業；那些衆生雖然不誹謗大乘經典，但如此愚癡的人，多造惡業，沒有慚愧心，無所不爲。那類人在臨命終時，遇到善知識爲他宣說大乘諸經典的首題名字。由於那人聽聞到那些佛經的經名，便能除卻千劫極重的惡業。那善知識又教那人合掌叉手，稱念南無阿彌陀佛，由於稱念南無阿彌陀佛的名號，便得除五十億劫生死的罪業。

就在那時，阿彌陀佛即遣化佛、化觀世音菩薩、化大勢至菩薩，來到那修行人面前，贊嘆道：「善男子！由於你稱念阿彌陀佛名號，諸罪得以消滅。我來迎接你。」說完這話後，那修行人即時見到化佛所放的光明，遍滿自己的室內。那人見到這種瑞相，生歡喜心，當即命終，乘寶蓮花，隨化佛的後面，往生到西方極樂世界的七寶池中。經四十九日後，蓮花才開敷。正當蓮花開敷時，大悲觀世音菩薩及大勢至菩薩，放大光明，安住在那人面前，爲他宣說甚深微妙的經法。那人聞法後，深信悟解，生發無上道心；歷經十小劫，具備通達百法眞性的智慧。證得歡喜地。這就叫做下品上生。

下品中生者

或有衆生，毀犯五戒、八戒，及具足戒。如此愚人，偷僧祇物①。盜現前僧物②，不淨說法，無有慚愧。以諸惡業，而自莊嚴。如此罪人，以惡業故，應墮地獄。命欲終時，地獄衆火，一時俱至。遇善知識，以大慈悲，即爲贊說阿彌陀佛十力③威德、廣贊彼佛光明神力、亦贊戒、定、慧、解脫、解脫知見④。此人聞已，除八十億劫生死之罪，地獄猛火，化爲清涼風。吹諸天花，在上皆有化佛、菩薩，迎接此人。如一念頃，即得往生七寶池大蓮花之內，經於六劫，蓮花乃敷。觀世音、大勢至，以梵音聲，安慰彼人。爲說大乘甚深經典，聞此法已，應時即發無上道心。是名下品中生者。

《佛說觀無量壽佛經》

注釋：①僧祇物：僧祇意為大眾。是比丘、比丘尼大眾共有的財物，又稱十方僧物。②現前僧物：屬於一法界中現在眾僧的眾物。③十力：佛所具有的十種力用。一、覺是處非處智力。二、業智力。三、定智力。四、根智力。五、欲智力。六、界智力。七、至處智力。八、宿命智力。九、天眼智力。十、漏盡智。④戒、定、慧、解脫、解脫知見：又稱五分法身。戒、定、慧為修因，解脫、解脫知見為結果。這五種法是佛的身體。所以稱為法身。

語譯：或者有些衆生，毀犯五戒、八戒齋；比丘或毀犯具足大戒。那些愚癡之人還偸十方僧物，盜竊屬於一法界中現在衆僧的財物，或爲求名利到處講經說法，沒有慚愧心。那些衆生以諸多的惡業來莊嚴自己。這樣的罪人，由於惡貫滿盈，應招地獄的苦報。此人在臨命終時，地獄衆火一時都顯現面前；幸遇善知識，以大慈悲，當即爲此人贊嘆宣說阿彌陀佛的功德、廣贊佛的十力威猛、光明神用、無量無邊的功德。又贊嘆戒、定、慧、解脫、解脫知見這五分法身的快樂。那人聽到並信解這些開示，當即除滅八十億劫生死之罪，地獄猛火化爲清涼風，並感得天花隨風而下，花上皆有化佛、菩薩，前來迎接此人。轉念之頃，此人即得往生到西方極樂世界七寶池中的蓮花之內，須經六大劫，蓮花才得開敷。蓮花開後，便聽聞到觀世音菩薩與大勢至菩薩，以清淨的慈音，安慰那人；又聽聞到二大士所宣說的大乘甚深經典。那人聞法開解，即發無上菩提道心。這就叫做下品中生。

下品下生者

或有衆生，作不善業；五逆、十惡，具諸不善。如此愚人，以惡業故，應墮惡道；經歷多劫，受苦無窮。如此愚人，臨命終時，遇善知識，種種安慰。爲說妙法，教令念佛，彼人苦逼，不遑①念佛。善友告言：「汝若不能念彼佛者，應稱無量壽佛，如是至心，令聲不絕。」具足十念，稱南無阿彌陀佛。稱佛名故，無念念中，除八十億劫生死之罪。命終之時，見金蓮花，猶如日輪，住其人前，如一念頃，即得往生極樂世界。

於蓮花中，滿十二大劫，蓮花方開。觀世音、大勢至，以大悲音聲，爲其廣說諸法實相，除滅罪法。聞已歡喜，應時即發菩提之心。是名下品下生者。是名下輩生想。名第十六觀。

《佛說觀無量壽佛經》

注釋：①遑：閑暇。

語譯：或者有一類衆生，廣作不善業，五逆、十惡等，無所不爲。這樣的愚人由於如此極重的惡因，勢必墮入阿鼻地獄，經歷多劫，受苦無窮。這樣的愚人，在臨命終時，得遇善知識安慰其心，先爲他說法，啓其心智；後令他念佛，指教他往生西方極樂世界。那人被苦痛所逼，心念障惶，不暇念佛。善知識善巧方便，勸告那人：「如果你不能憶念阿彌陀佛的話，便應口稱阿彌陀佛的名號，以至誠懇切之心，念十句南無阿彌陀佛，使念佛的聲音不間斷。」那人由於稱念阿彌陀佛名號，便在念念中，除滅八十億劫生死之罪。臨命終之時，見金色蓮花，猶如日輪，安住在那臨終人的面前。轉念之頃，即得往生到西方極樂世界。

生到西方極樂世界後，在蓮花中，須經十二大劫，蓮花才開。蓮花開後，那往生者聽聞到觀世音菩薩與大勢至菩薩，以大悲音聲爲其廣說妙法，開示諸法實相，及其除滅罪障的法門。那往生者聞法後，開解歡喜，即發無上菩提之心。這就叫做下品下生。

以上三種稱爲下輩生想，名第十六觀。

先送心到西方淨土

念佛須字字從心裡滾出來，又須字字打入心裡去。且帶作觀，瞑目向西而坐，默想神與形離，驀直西去；漸見樹林、水鳥，金繩界道，羅網、欄楯，以次而寶池、勝蓮，香臺、樓閣，種種在目。儼然丈六彌陀，觀音侍左，勢至侍右，放眉間光，垂手接引。吾與諸上善人，同攝光中，隨引而上，禮足悲懇。忽見金掌摩頂，甘露灑身，如是良久，徐徐神返，若出定然。古人所云：「先送心歸極樂者。」想應如是。願告諸念佛人，須知心念，莫只口念，自然有入路矣。　張光緯居士：《念佛說》

語譯：念佛必須字字從心裡滾出來，又必須字字打入心裡去。並且兼作觀想，閉目面西而坐，默想神識與形體分離，徑直向西方而去；漸漸見到樹林、水鳥、金繩界道、羅網、欄杆，次第而見七寶池、勝妙的蓮花、香臺、樓閣等種種景象，歷歷在目。莊嚴的丈六阿彌陀佛，觀世音菩薩侍左，大勢至菩薩侍右，阿彌陀佛放眉間光，垂手接引。我與諸上善人，共同攝在佛光中，隨其引導而上前，禮足佛、菩薩，悲泣懇切。忽然見到金色手掌摩頂，甘露水灑身。這樣觀想良久，徐徐神識歸返，好像出定的樣子。古人所說：「先送心歸極樂世界。」我猜想應該像這樣子。但願普告一切念佛人，必須了知念佛應心念，不要只是口念，自然就有入路了。

心想蓮華，平衡心火

念佛頭上若有物摩撫及牽制等，此係念佛時心朝上想，致心火上炎之相。若眼皮垂帘，心向下想，則心便沉潛不浮動，火不上炎，此病即消滅矣。切不可認此為工夫，又不可怕此為魔境。但至誠攝心而念，並想自身在蓮華（花）上坐或立。一心想於所坐之蓮華，自可頓癒矣。若不敢作蓮華上坐立想，恐致或有魔事，但向腳底下想，此種心火、頭火，均可不生矣。

語譯：念佛時，頭上假使有物在撫摩或牽制等情況，這是念佛時心往上想，以致心火上升。如果發現有這種情況時，應將眼皮下垂，心向下想。那麼，心便沈潛，不再浮動，火就不會上升了，這種毛病隨即消失。切不可認爲這是念佛的工夫，也不可恐懼，以爲這是魔境。只要至誠攝心而念。並想自身在蓮花上坐著或立著，一心想著所坐或所立的蓮花，自然可以去除這些毛病了。如果擔心出現魔事，也可以把注意力集中在腳底下，這樣，心火、頭火都可以不生了。

㈣、實相念佛

一念淨心，隨願往生

若有衆生，住大乘者，以清淨心，向無量壽；乃至十念，願生其國，聞其深法，即生信解，乃至獲得一念淨心，發一念心，念於彼佛。此人臨命終時，如在夢中，見阿彌陀佛，定生彼國，得不退轉，無上菩提。《佛說大乘無量壽莊嚴清淨平等覺經》

說明：在三輩往生者之外，有一類修行其他大乘法門的衆生，聽到淨土法門，深信不疑，以一念淨心，超越常格而得往生，如智者大師、中峯大師等。

語譯：若有修行大乘其他法門的衆生，以清淨心歸向阿彌陀佛，乃至只修行十念法門，發願往生西方極樂世界。聽到這個甚深圓頓的淨土法門，便能生出深切的信心和理解，乃至以自己所獲得的清淨一念，稱念阿彌陀佛，一心不亂。這人臨命終時，好像夢中見到阿彌陀佛，便能決定往生到西方極樂世界。一生到西方淨土，便能圓證三不退，直至成就佛果。

佛由心現，心佛皆幻

解脫長對善財言：「我入出如來無礙莊嚴解脫門，見十方各十佛剎微塵數如來。彼諸如來不來至此，我不往彼。我若欲見安樂世界阿彌陀如來，隨意即見（中略）。知一切佛及以我心，悉皆如夢；知一切佛猶如影像，自心如水；知一切佛所有色相，及以自心，悉皆如幻；知一切佛及以己心，悉皆如響。我如是知，如是憶念，所見諸佛，皆由自心。」

《大方廣佛華嚴經》

語譯：解脫長者對善財童子說：「我能夠進入這個三昧，即：如來沒有障礙，無有窮盡的莊嚴解脫的法門。參見十方無量無邊如來，那些諸佛不來我這裡，我也不去那些諸佛的住所，可是我就見到佛了。我要見極樂世界阿彌陀佛，想見就見（中略）。由此了知一切佛以及我心，悉皆如夢；了知一切佛猶如影像，自心就像水；了知一切佛的所有色相，以及自心，都像幻影一樣；了知一切佛以及自心，都像空谷回音一樣。我就是這樣了知，這樣地憶佛念佛，所睹見的一切佛都由自心顯現。

文殊宣示十種念佛

爾時，光明過千世界，乃至一切處文殊菩薩，各於佛所，同時發聲，說此頌言：「一切威儀中，常念佛功德，晝夜無暫斷，如是業應作。」

此念有十種，所謂寂靜念、清淨念、不濁念、明徹念、離塵念、離種種念、離垢念、光耀念、可愛樂念、無能障礙念。《大方廣佛華嚴經》

語譯：那時，光明超過千世界，乃至一切世界中的文殊師利，各各在佛的住所，同時發出聲音，宣說這個頌言：

一切威儀之中，
恆常憶念佛功德。
晝夜相繼，不得暫息，

這樣的道業應努力作。

這樣的念佛有十種，即是：寂靜念、清淨念、不濁念、明徹念、離塵念、離種種念、光耀念、可愛樂念、無能障礙念。

專思寂想，念佛爲先

夫稱三昧者何？專思寂想之謂也。思專，則志一不分；想寂，則氣虛神明。氣虛，則智恬其照；神朗，則無幽不徹。斯二者，是自然之玄符，會一而致用也。

功高易進，念佛爲先，何者？窮玄極寂，尊號如來，體神合變，應不以方。故令入斯定者，昧然忘知，即所緣以成鑒。鑒明則內照交映而萬象生焉，非耳目之所暨①而聞見行焉。於是睹夫淵凝虛鏡之體，則悟靈相湛②一，清明自然。察夫玄音之叩心聽，則塵累每消；滯情融朗，非天下之至妙，孰能與於此哉？

慧遠大師：〈念佛三昧詩集序〉

注釋：①暨：到，至。②湛：深，清澈。

語譯：什麼境界可以稱為三昧呢？三昧的意思就是：思惟專一，意念澄寂。如果思惟專一，那麼，志意便會精純不亂；如果意念澄寂，那麼，心氣便會虛豁，精神得以開朗。心氣虛豁，則智光恬靜而起照用；精神開朗則能洞徹明了一切幽暗。心氣虛豁與精神開朗這二者，就是自然的玄符，二者會融一體便能發揮妙用。

功高易進的法門中，念佛法門最為優先，這是什麼原因呢？極樂世界因為念佛能夠窮盡玄妙，通達寂靜的境界。阿彌陀佛的德號，契入自然的神妙，應合法界的變化。隨緣妙應，沒有定規。所以，證得念佛三昧的人，沒有人我是非的分別心，忘記了一切知見，達到無為的境界，在現實中所應接的人與事，就如同鏡中的映像。鏡子明亮的話，裡面所映現的就清楚，鏡裡便能見到森羅萬象的相狀。念佛工夫到了這個境界，便可捨棄六識而用六根。耳與眼不能及的地方，但運用聞性與見性，就能明了。

於是，睹見到淵深、凝靜、虛靈的鏡體，就能悟到心靈與事相渾然一體，無二無別。眞如自性清淨明澈，自然而然，觀照聽察內心的玄音，便能令塵俗的牽累掛礙日漸消除；滯塞的情識慢慢地融化開朗。這種境界，若不是天下至妙的法門，還有什麼途徑能夠達到呢？

諸法畢竟空無所有

何等名爲諸法實相，所謂諸法畢竟空無所有。以是畢竟空無所有法念佛，諸想不生；空寂無性，滅諸覺觀，是名實相念佛。

永明延壽禪師：《宗鏡錄》

語譯：什麼叫做諸法的實相呢？所謂一切法畢竟空無所有。用這種畢竟空無所有的方法念佛，不生起一切妄想；空寂無自性，滅除一切覺察和觀想，這就叫做實相念佛。

不離穢土而生淨土

又以願門廣大，貴在知先；觀法深玄，尤應守約。知先則務生彼國；守約則惟事持名。舉其名兮，兼衆德而俱備；專乎持也，統百行以無遺。從茲而萬慮咸休，究極乎一心不亂。乃知匪離跬步，寶池湧四色之華；不出戶庭，金地繞七重之樹。處處彌陀說法，時時蓮蕊化生，珍禽與庶鳥①偕音，瓊院②共茆堂③並彩。蓋由念空真念，生入無生。念佛即是念心，生彼不離生此。心佛眾生一體，中流兩岸不居，故謂自性彌陀，唯心淨土。

蓮池大師：《阿彌陀經疏鈔》

注釋：①庶鳥：眾多的鳥。②瓊院：精美的庭院。③茆堂：茅草堂。

語譯：由於阿彌陀佛的願門廣大，所以，我們重在體解佛願的核心；觀念法門深妙幽玄；我們尤其應當執守規約。體解了佛願的核心，我們便會發願往生西方極樂世界；執守規約就會專一持名念佛。舉念佛名，就能召來阿彌陀佛的萬德。專一持名，就能包攝眾多的法門，不會有任何的遺漏。明白了這個道理，從今以後，死盡偷心，休止萬慮，致力於念佛三昧。

如果念佛達到一心不亂的境界，便會知道：不離寸步，當處就能湧現七寶池，池中開敷青、黃、赤、白四色蓮花；不出戶庭，遍地都是黃金地面，金地上環繞七重行樹，處處都有阿彌陀佛在演說妙法，時時都有蓮蕊化生；奇珍禽鳥與眾鳥一道共偕婉囀，精美的華殿與茅草堂一同共輝。這種境界是由於念佛念到極處，和念脫落，證得了法身，從有生進入無生。由此可知，念佛就是念心，往生西方不離生此土。心佛衆生平等一體，不住在娑婆此岸，不住在西方彼岸，也不住在兩岸的中流。所以，這就叫做「自性彌陀，唯心淨土」。

返念念佛，靈光獨耀

若論其法，必須當念佛時，即念返觀，專注一境，毋使外馳。念念照顧心源，心心契合佛體。返念自念，返觀自觀；即觀即念，務使全念即觀，念外無觀；全觀即念，觀外無念。觀念雖同水乳，尚未鞫到根源。須向者（這）一念南無阿彌陀佛上，重重體究，切切提撕，愈究愈切，愈提愈親，及至力極功純，豁然和念脫落，證入無念無不念境界。所謂「靈光獨耀，迥脫根塵」；體露真常，不拘文字；心性無染，本自圓成，但離妄念，即如如念者。此之謂也，工夫至此，念佛法得感應道交，正好著力。現在則未離娑婆，常預海會，臨終則一登上品，頓證佛乘。

印光大師：《印光法師文鈔》

語譯：倘若論及修學的方法，應該是這樣的：當念佛的時候，要一面念，一面返觀自心，專注一處，不要讓它向外奔馳。念念照管住心源，心心符合於佛體（心體）。把自己能念的心，反過來念自己所念的心；把自己能觀的心，反過來觀自己所觀的心（譬如燈發出的光，還照自己的燈）。邊念邊觀，邊觀邊念。一定要使整個的念就是觀，念以外沒有觀；整個的觀就是念，觀以外沒有念。這樣，觀與念雖然同水乳一樣已融和在一起，但還沒有達到根源。這時，應更進一步，向這一念「南無阿彌陀佛」上不斷地體究，深切地覺照。愈究愈切，愈提愈親，等用力到了極點，工夫爐火純青，忽然根和念一起脫落，便證入無念無不念的境界。那時正所謂「獨有靈光輝耀，六根和六塵全部脫落。」這樣，就露出眞常之體，便不再被語言文字所轉。知道心性原來是沒有染汚的，本來是圓滿成就的，只要離開妄念，就是如如不動的佛性現前了。工夫到了這一階段，念佛已經有了相當成就，正好著力向上。現在雖沒有脫離娑婆世界，但已經常參與蓮池的海會了。到了臨命終時，必然能上品往生，頓時證到佛果。

即念是佛，打開塵網

汝欲捨持咒而念佛，一志專修，最妙。但汝未知法要，只可名持齋好善之人，不得名念佛之人，何以故？欲泛大海，必具大舟；欲馳千里，必擇良馬。故念佛人，先須具大手段，割絕牽纏，打開塵網，直下即念是佛，即佛是心，乃至離即離非，頓入如來大光明藏。如是乃名正念念佛，得名為念佛人也。汝應善解此義。

覺明妙行菩薩：《西方確指》

語譯：你打算捨棄持咒而念佛，一志專修淨土，這樣做最為妙好。但是，你尚不知淨宗法要，如此修行只能稱作持齋好善的人，不得稱為念佛的人。為什麼這樣說呢？因為打算橫渡大海，必須準備大船；打算馳騁千里，必須選擇良馬。所以，念佛人首先必須具大手段，割絕種種煩惱牽纏，衝開塵網。當下一念即是佛，佛即是心，乃至離是離非，頓入如來的大光明藏。這樣才可稱為以正念來念佛，才能稱做念佛人。你應該仔細地理解這個意思。

心本無念，念逐想生

心本無念，念逐想生。此想虛妄，流轉生死。當知此一句阿彌陀佛，不從想生，不從念有，不住內外，無有相貌，即是盡諸妄想。諸佛如來清淨微妙真實之身，非一非二，不可分別。如是念者，煩惱塵勞，無斷無縛；止得一心，必得一心，方得名爲執持名號，方得名爲一心不亂。淨業功成，直趨上品。

覺明妙行菩薩：《西方確指》

語譯：心性本來無念，念隨逐想而生起。這個想虛妄不眞，驅使衆生流轉生死。應當知道，這一句阿彌陀佛，不是從想而生，不是從念而有，不住內不住外，無形無相，即是妄想銷盡。一切佛如來清淨微妙眞實之身，不是一不是二，不可分別。這樣念佛的話，煩惱塵勞既無斷滅也無縛纏。止而得一心，必定得一心，方能稱爲執持阿彌陀佛名號，方能稱爲一心不亂。淨業功德圓成，徑直趨入上品上生。

盡形修習，造極為則

心行處滅，是諸佛常住真心；心行處有，是衆生生死業心；其間不容絲髮。若汝等能綿密加工，使此心無些子空隙，方得幾分相應。莫略做半年十月，便謂我能苦心修道。不知正障道處，切宜慎之。又工夫雖加，若未到銅山鐵壁推不倒移不動處，猶未是打成一片。切莫見些影響，便即歇手。是為半途而廢，必至棄其前功，毫無所益。此又學道人大病，不可不知。要知佛法如大海，轉入轉深，斷非小小知見之所能盡。應盡形修習，造極為則，切莫作容易想。

覺明妙行菩薩：《西方確指》

語譯：流轉的心識寂滅之處，即是諸佛的常住眞心；流轉的心識還存在的地方，即是衆生的生死業心。這中間容不得一絲一毫的區別。如果你們能夠綿密用功，使這心性不存一點點空隙，這才能獲得幾分相應。千萬不要略微修行半年十月，便自炫我能苦心修道，而不知道這個浮誇之心正是道業的障礙，千萬要謹慎。另外，工夫雖有增進，但倘若念佛未念到銅山鐵壁推不到移不動的地步，表明念佛還沒有打成一片。千萬不要才得到一點修行的功用，便歇手不再念佛，這就會半途而廢，必定會導致前功盡棄，不能得到一點利益，這又是學道人的大病，你們不可不知。須知佛法猶如大海，愈進入愈覺深邃。決不是小小知見所能窮盡其堂奧的。你們應當盡形壽修習念佛法門，以究竟爲準則，萬不可將這個法門作容易想。

念佛入華嚴四法界

又《清涼疏》分四法界①。一心念佛，不雜餘業，即入事法界；心佛雙泯，一真獨脫，即入理法界；即心即佛，大用齊彰，即入理事無礙法界；非佛非心，神妙不測，即入事事無礙法界。是知一念佛門，無法不攝。故此經以毗盧爲導，以極樂爲歸。既覲彌陀，不離華藏，家珍具足，力用無邊。不入此門，終非究竟。

彭際清居士：《華嚴念佛三昧論》

注釋：①《清涼疏》分四法界：清涼是唐代國師，他著疏將《華嚴》分為四種法界：理法界，事法界，理事無礙法界，事事無礙法界。

語譯：唐代的清涼國師在《華嚴疏鈔》中將華嚴奧義分爲四種法界（理法界、事法界、理事無礙法界、事事無礙法界）。一心念佛，不夾雜別的行業，這就入了事法界；心也沒了，佛也沒了，靈光獨耀，一眞獨脫，就入了理法界；心就是佛，佛就是心，這種殊勝的大用，一齊都顯現了，這就入了理事無礙法界；既不是佛，也不是心，神妙難測，不可思議，這就入了事事無礙法界。

由此可知：這個念佛法門，四種法界都可以入，一切法門無所不攝。所以，這部《大方廣佛華嚴經》以毗盧遮那佛爲導引，以西方極樂世界爲歸宿。生到西方極樂世界見到阿彌陀佛，但根本並沒有離開華藏世界。到了這種情形，你才知道家裡的寶貝都具足了，你便可以分身到無量國土去度衆生。可見，不入到這個門頭裡，總歸是不究竟。

念佛五門，直至菩提

敍開念佛五門。第一、稱名往生念佛三昧門，第二、觀相滅罪念佛三昧門，第三、諸境唯心念佛三昧門，第四、心境俱離念佛三昧門，第五、性起圓通念佛三昧門。

諸佛以衆生樂稱諸佛名，生彼國者，則示以稱名往生門；衆生有樂睹諸佛身，懼障不見者，則示以觀相滅罪門；衆生有迷心執境者，則示以諸境唯心門；衆生有計實有者，則示以心境俱離門；衆生樂深寂定，趣無生滅者，則示以性起圓通門；大哉世尊！善拔我等，開示一道直至菩提甚深法門。唯有大智度者，生而知之者，深修定慧者、善經論者，請撿此門。

智者大師：《五方便念佛門》

語譯：敍開五種念佛法門。第一、稱佛名號往生淨土念佛三昧門，第二、觀想佛相滅罪念佛三昧門，第三、諸境唯心念佛三昧門，第四、心境俱離念佛三昧門，第五、性起圓通念佛三昧門。

諸佛鑒於衆生歡喜稱念佛名得生佛國，便宣示稱名往生的法門；衆生有歡喜目睹佛身，又恐業障重見不到佛身，佛便宣示觀想佛相除滅罪障的法門；衆生有迷惑心性執著境緣的習性，佛便宣示諸境唯心的念佛法門；衆生有計度實有的習性，佛則宣示心境俱離的念佛法門；衆生有深樂寂定，歸趣無生滅的習性，佛則宣示性起圓通念佛法門。偉大的佛陀呀！如此善巧地救拔我們，開示一道直至無上菩提的甚深法門。唯有具大智慧的人、生而知之的人、深修定慧的人、善解經論的人，才能夠攝受修持這個念佛法門呀！

隨順佛心念淨土

當知諸佛順寂滅心而嚴淨土，是故念淨土者當入一切寂滅門。諸佛順常樂我淨心而嚴淨土，是故念淨土者當入一切常樂我淨門。諸佛順平等衆生心而嚴淨土，是故念淨土者當入一切平等衆生門。諸佛順大悲智業而嚴淨土，是故念淨土者當入一切大悲智業門。諸佛順無作無爲不可思議業而嚴淨土，是故念淨土者當入一切無作無爲不可思議門。諸佛順塵勞煩惱性而嚴淨土，是故念淨土者當入一切塵勞煩惱門。諸佛順微塵芥子相而嚴淨土，是故念淨土者當入一切微塵芥子門。以上諸大法門，但一聲阿彌陀佛，皆悉證入，亦無能證所證之想。若不爾者，則是有餘之淨。念佛三昧，即不如是。

袁宏道居士：《西方合論》

語譯：應當知道：諸佛隨順寂滅心而莊嚴淨土，所以，憶念淨土的人應當進入一切寂滅門。諸佛隨順常樂我淨心而莊嚴淨土，所以，憶念淨土的人應當進入一切常樂我淨門。諸佛隨順平等衆生心而莊嚴淨土，所以，憶念淨土的人應當進入一切平等衆生門。諸佛隨順大悲大智業而莊嚴淨土，所以，憶念淨土的人應當進入一切大悲大智業門。諸佛隨順無作無爲不可思議業而莊嚴淨土，所以，憶念淨土的人應當進入一切無作無爲不可思議門。諸佛隨順塵勞煩惱性而莊嚴淨土，所以，憶念淨土者應當進入一切塵勞煩惱門。諸佛隨順微塵芥子相而莊嚴淨土，所以，憶念淨土者應當進入一切微塵芥子門。上述各大法門，只要一聲阿彌陀佛，便全都能夠證入。同時，也沒有能證所證的行相。倘若不能達到這個境界，便不是究竟圓滿的淨土，也就不能證到眞正的念佛三昧。

識心達本，超生脫死

從有念而至無念，因無念而證無心。無心之心，始是真心；無念之念，方名正念；無佛之佛，可謂無量壽佛者矣。到此覓一毫自他之相了不可得，何聖凡迷悟之有哉?只這不可得處，即識心達本之要門，乃超生脫死之捷徑。

楚山禪師：〈示月庭居士〉

語譯：念佛從有念而到無念，因無念而證無心。無心之心，始是眞心；無念之念，才叫做正念；無佛之佛，方可稱爲無量壽佛。到這種境界，尋覓一毫自己與他人的分別，便了不可得，又有什麼聖凡迷悟的區別呢？只這不可得之處，即是體認心性、了達本源的要門，也是超生脫死的捷徑。

生則決定生，去則實不去

須知彌陀來接，初未嘗來；往生西方，亦未嘗去。雖未嘗去，亦何妨現來現去。何以故？不來不去者理體也，有來有去者事相也。理事從來不二，性相必須圓融。故儘管不來不去，不礙有來有去；儘管有來有去，其實不來不去。最要緊者，即是來去要在不來不去上體認，不來不去要在來去上做出，此是念佛求生之要訣。得此要訣，決定往生見佛。

江味農居士：《金剛經講義》

說明：江味農：現代居士。名忠業，法名妙煦，受菩薩戒，參禪，修密、臺教，均有成就，臨終瑞相昭著。著有《金剛經講義》、《大乘止觀親聞記》等。

語譯：還應知道：阿彌陀佛來接，實則並沒有來；往生西方，實則並沒有去。雖然未嘗去來但也何妨現來現去。為什麼呢？不來不去是理體，有來有去是事相。這也就是古德所說的「生則決定生，去則實不去」。決定往生是事相，實則不去是理體。理事從來是不二的，性相必須是圓融的。所以儘管不來不去，但不礙有來有去；儘管有來有去，其實是不來不去。最要緊的，就是來去要在不來不去上去體認；不來不去，要在來去上去做出，這是念佛求生的要訣。得到了這一要訣，就決定能往生見佛。

原來彌陀念彌陀

彌陀教我念彌陀　口念彌陀聽彌陀
彌陀彌陀直念去　原來彌陀念彌陀

夏蓮居居士：《淨語》

語譯：

阿彌陀佛教我念阿彌陀佛，

口念阿彌陀佛，耳聽阿彌陀佛。
阿彌陀佛阿彌陀佛驀直念去，
原來卻是阿彌陀佛念阿彌陀佛！

念而無念，歸於真如

念佛一法，尤爲斷念方便之方便。不令他念而念佛，亦是轉換一個念頭。而念佛更視作觀親切，念佛則是淨念，換一個清淨念，以治向來染濁之念。並令一心念之，又是以純一之念，治向來雜亂之念。且佛者覺也，念念是佛，是念念是覺。覺者，覺其性本無念，故曰更親切也。但能勤懇一心，便能做到念而無念，當知念佛目的，必須歸於無念，便是歸於真如，則不說斷而自斷，不期證而自證矣。其方便爲何如哉？

江味農居士：《金剛經講義》

語譯：念佛一法，是斷除妄念方便中的方便。念佛不使其他雜念起來，也就是轉換一個念頭，作觀想也是轉換念頭的一種方法，但念佛更爲親切。因爲念佛是淨念，換一個清淨念來對治向來染濁的念頭；並且要使一心持續而念，這又是以純一之念對治向來雜亂的念頭。這不是特殊的方便嗎？

而且佛就是覺，念念在佛，就是念念是覺。所謂「覺」，是覺悟自性本來無念。所以說，更爲親切。修學念佛的，只要能誠誠懇懇一心念去，便能做到念而無念，雖念而不覺有念。應該知道，念佛的目的，必須達到無念，無念便是歸於眞如。這樣，不求斷而自然斷除，不求證而自然證到了，那不是最方便的辦法嗎？

明心與淨心

一切法門以明心爲要，一切行門以淨心爲要。然則明心之要，無如念佛。念佛憶佛，現前當來，必定見佛；不假方便，自得心開。如此，念佛非明心之要乎？復次，淨心之要，亦無如念佛，一念相應一念佛，念念相應念念佛。清殊下於濁水，濁水不得不清，佛號投於亂心，亂心不得不佛。如此，念佛非淨心之要乎？一句佛號，俱攝悟修兩門之要。擧悟則信在其中，擧修則證在其中。信解修證俱攝，大小諸乘一切諸經之要，罄無不盡。然則一句彌陀，非至要之道乎？

徹悟禪師：《徹悟禪師語錄》

語譯：佛教的一切法門，主要是使人明白自心（明心見性），佛教的一切修行方法，主要是使人清淨自心（自淨其意）。

明心的法門中，沒有比念佛更重要的了。因爲《楞嚴經》裡說：「憶佛念佛，現前當來必定見佛，不假方便，自得心開。」這不是說明，念佛是明心的最重要最有效的法門嗎？

另外，淨心的方法中，也沒有比念佛更殊勝的了。因爲念一聲佛，就和佛相應一次；不斷念佛，就和佛不斷相應。譬如清珠投入到濁水中，濁水就不得不清；佛號投入到散亂心中，亂心也不得不轉而爲佛了。這不是念佛爲淨心最好的方法嗎？

信解修證，是學佛的必經程序，一句佛號包容了「解」、「修」兩門，能念佛是已經了解了它的意義，那念佛就是修行。而解中就有信在其中，因爲沒有信心，就不會去求理解，解悟了也肯定會深信。修中也有證在其中，因爲修得一分，必然證到一分，修行圓滿，必然究竟證果。所以一句佛號，把信解修證，全都收攝在內了；大小乘一切經論要旨，也都包括無餘了。這不就是一句「阿彌陀佛」就是修道最簡要的途徑嗎？

㈤、淨業修持的助行

佛陀教化的總綱

修學的基礎是三福，待人依六和，處世修六度，遵普賢願，歸心淨土。佛之教化能事畢矣。

淨空法師：《淨空法師法語》

說明：淨空法師（西元一九二七～年）：安徽廬江人，俗姓徐。民國四十八年依臺北臨濟寺白聖法師出家，曾從臺灣大學教授方東美研究哲學；並親近章嘉大師、李炳南居士多年。先後執教於各佛學院，創設華嚴精舍，常在世界各地講經說法，印行佛書普贈各界，專修專弘淨宗，化緣甚盛。

語譯：修學佛法的基礎是三福（《觀經》所開示的），待人依據六和敬（身和敬、口和敬、戒和敬、見和敬、利和敬），處世修六度（布施、持戒、忍辱、精進、禪定、智慧），遵守普賢菩薩十大行願，最後歸心西方淨土。能做到這些，佛陀的教化就算圓滿了。

三福即是淨業正因

欲生彼國者，當修三福：一者孝養父母，奉事師長，慈心不殺，修十善業。二者受持三皈，具足衆戒，不犯威儀。三者發菩提心，深信因果，讀誦大乘，勸進行者。如此三事，名爲淨業，乃三世諸佛淨業正因。

《佛說觀無量壽佛經》

語譯：發願往生西方極樂世界的衆生，應當修行三福。第一、孝養父母，奉事師長，慈心不殺，修十善業（不殺生、不偷盜、不邪淫、不妄語、不惡口、不兩舌、不綺語、不貪、不瞋、不癡）。第二、信受奉持三皈（皈依佛、皈依法、皈依僧），受持微細的衆戒，三千威儀都不缺乏之。第三、發菩提心，深信念佛的因，必得往生淨土的果，讀誦大乘經典，勸導策進修行人。這三福的修行，就叫做淨業。也正是三世諸佛淨業成就的眞正因緣。

普賢十大願王導歸極樂世界

普賢菩薩告諸菩薩及善才言：「善男子！若欲成就此功德門，應修十種廣大行願：一者禮敬諸佛；二者稱讚如來；三者廣修供養；四者懺悔業障；五者隨喜功德；六者請轉法輪；七者請佛住世；八者常隨佛學；九者恆順衆生；十者普皆迴向。」

「或復有人，以深信心，於此大願，受持讀誦，乃至書寫一句四偈，速能滅除五無間業①。臨命終時，最後剎那，一切諸根，悉皆散壞；唯此願王，不相捨離。於一切時，引導其前；一剎那中，即得往生極樂世界。」

《大方廣佛華嚴經》

說明：《華嚴經》是釋迦牟尼佛成道後的稱性之談，素有諸經之王的稱號。其結局仍以普賢菩薩十大願王導歸西方極樂世界，寓意深遠。《華嚴經》廣說念佛法門，由此乃見。

注釋：①五無間業：造作墮入五無間地獄的惡業。五無間是：一、受苦無間；二、身形無間；三、罪器無間；四、衆類無間；五、時無間。

語譯：普賢菩薩告訴諸菩薩及其善才童子道：「善男子，如果希望成就這個功德門，應當修持十種廣大行願：第一、禮拜恭敬十方三世諸佛；第二、稱揚讚嘆一切如來無盡的功德；第三、廣修供養（財供養、法供養）；第四、懺悔業障；第五、對一切衆生的善根德行，生隨喜心；第六、常時請佛、菩薩（或高僧大德）說法；第七、請佛住世；第八、應以佛陀爲修持的榜樣；第九、恆常隨順衆生的善緣；第十、所有一切功德，普以迴向一切衆生，願成佛道，願證眞常。」

「或是有人，以深切的信心，對這十大願王，信受奉持，讀誦思惟，乃至書寫一句四偈，便能迅速除滅五無間獄的罪業。其人臨命終時，最後的時刻，身形根器全都散壞，唯有這十大願王，不相捨離；一切時引導其前，一刹那中，即得往生西方極樂世界。」

三皈五戒是入佛法的初門

三皈五戒，爲入佛法之初門；修餘法門，皆須依次而入。況即生了脫之至簡至易、至圓至頓之不思議淨土法門耶？不省三業，不持五戒，即無復得人身之分，況欲得蓮華化生，具足相好光明之身耶？

印光大師：《印光大師全集》

語譯：三皈（皈依佛、皈依法、皈依僧）、五戒（不殺生、不偷盜、不妄語、不邪淫、不飲酒），是入佛法的初門；修其他的法門，都必須依三皈五戒而入。現生解脫生死的至簡至易、至圓至頓的不可思議的淨土法門，更應如此。如果不省察身、口、意三業，不持五戒，就不可能再得人身。何況還要得到西方淨土蓮花化生，具足光明相好呢？

戒殺放生，慈悲一切

夫人物雖異，佛性原同。彼以惡業淪於異類，我以善業幸得人身；若不加憫恤，恣情食啖，一旦我福或盡，彼罪或畢，難免從頭償還，充彼口腹。須知刀兵大劫，皆宿世之殺業所感；若無殺業，縱身遇賊寇，當起善心，不加誅戮；又況瘟疫水火諸災橫事，戒殺放生者，絕少遭逢。是知護生，原屬護自。戒殺可免天殺、神鬼殺、盜賊殺、未來怨怨相報殺。

印光大師：《印光大師全集》

語譯：人和其他生物形體雖然不同，佛性原是一樣的。其他生物由於造惡業而淪墮爲異類，我以善業幸得人身；如果我們對異類不僅不加憫恤，反而恣情食啖，那麼，一旦我們的福報享盡，對方的罪業報完，難免從頭償還命債，中飽對方的口腹。須知刀兵大劫，都是宿世的殺業所招感；如果沒有殺業，縱然身遇賊寇，賊寇也會生起善心，不加誅戮的。另外，戒殺放生的人，很少遭逢諸如瘟疫水火等災禍橫事。所以，應當知道，保護生物，實在是保護自己。戒殺可以免脫天殺、神鬼殺、盜賊殺、未來怨怨相報殺。

念佛人不食五種辛菜

佛告阿難：「是諸衆生，求三摩提，當斷五種辛菜。熟食發淫，生啖增恚，是食辛之人，雖能宣說十二部經，十方天仙，嫌其臭穢，咸皆遠離。諸餓鬼等，因彼食次，舐其脣吻，常與鬼住。福德日銷，長無利益。是食辛人修三摩地，菩薩天仙，十方善神，不來守護。大力魔王得其方便，現作佛身，來爲說法，非毀禁戒，讚淫怒癡。命終自爲魔王眷屬，受魔福盡，墮無間獄。阿難！修菩提者永斷五辛，是則名爲第一增進修行漸次。」

語譯：佛告訴阿難：「所以一切衆生，要求得佛正法的三昧，應當斷除世間的五種辛菜（葱、蒜、韭、薤、興渠。興渠為中土所無）。這五種辛菜，熟食使人容易生起淫欲，生吃使人容易生起瞋恨，如不戒除，即使善能講說一切經典，一切天仙聖賢，也都嫌其臭穢，和菩薩遠離。諸餓鬼等，因其食辛味，而舐其人的嘴唇，不知不覺，這些食辛人就墮到鬼道中，福德日漸消除，永無利益。這些食辛人修佛法三昧，菩薩天仙及其十方善神，不來守護。大力魔王趁機現作佛身，來爲此食辛人說法。誹謗禁戒，贊揚淫欲、瞋恚、愚癡。這些食辛人聽而信受，命終時自然便成爲魔王的眷屬，魔福享盡，便墮無間地獄。阿難！所以一切修習菩提，而求無上正覺的人，必要永斷辛菜，這就是第一項的修行次序。」

念佛人當吃長素

念佛之人，當吃長素；如或不能，當持六齋或十齋。初八、十四、十五、二十三、二十九、三十爲六齋，加初一、十八、二十四、二十八爲十齋，遇月小即盡前一日持之。又正月、五月、九月爲三齋月，宜持長素。作諸功德，由漸減以至永斷，方爲合理。雖未斷葷，宜買現肉，切戒家中殺生。

印光大師：《印光法師文鈔》

語譯：念佛的人，應當吃長素；如果條件不允許，應當持六齋或十齋。初八、十四、十五、二十三、二十九、三十爲六齋；加初一、十八、二十四、二十八爲十齋。遇月小即挪前一日奉持。另外，正月、五月、九月爲三齋月，宜吃長素，廣作功德。葷腥應由漸減以至永遠斷除，方爲合理。雖然未斷葷腥，應當買現成的肉，切戒在家中殺生。

素食的緣由

佛告大慧：「有無量因緣，不應食肉。然我今當爲汝略說。謂一切衆生，從本已來，展（輾）轉因緣，嘗爲六親。以親想故，不應食肉。驢騾駱駝，狐狗牛馬，人獸等肉，屠者雜賣故，不應食肉。不淨氣分所生長故，不應食肉。衆生聞氣，悉生恐怖；如旃陀羅①，及譚婆②等，狗見憎惡，驚怖羣吠故，不應食肉。又令修行者，慈心不生故，不應食肉。凡愚所嗜，臭穢不淨，無善名稱故，不應食肉。令諸呪術不成就故，不應食肉。以殺生者，見形起識，深味著故，不應食肉。彼食肉者，諸天所棄故，不應食肉。令口氣臭故，不應食肉。多惡夢故，不應食肉。空閑林中，虎狼聞香故，不應食肉。令飲食無節故，不應食肉。令修行者，不生厭離故，不應食肉。我嘗說言，凡所飲食，作食子肉想，作服藥想故，不應食肉。聽食肉者，無有是處。」《楞伽經》

注釋：①旃陀羅：在四種姓之外，下姓等，以屠殺為業，②譚婆：食狗肉的人。

語譯：釋迦牟尼佛告訴大慧菩薩：「有無量的因緣，不應該吃肉。我今日可爲你概略陳述。一、因爲一切衆生，從本以來，自性同體，而且都會輾轉互爲因緣，彼此做過六親眷屬，所以基於親親同體的觀念，就不應該吃肉。二、驢、騾、駱駝、狐、狗、牛、馬、人、獸等肉，屠者互相雜賣，所以不應吃肉。三、肉類都從吞食不潔淨的氣味而生長的，所以不應吃肉。四、其餘衆生，聞到肉食者的氣味，都生恐怖心，例如狗見到屠戶與食狗肉的人，便生出憎惡恐怖心，羣起而吠之，所以不應吃肉。五、又肉食使修行的人不能生起慈悲心，所以不應吃肉。六、凡夫愚癡所嗜好，以臭穢不淨當做甘香，此中無善可言，所以不應吃肉。七、使修行人學一切咒術，不能成功，所以不應吃肉。八、因此而喜歡殺生，看見了動物形體，便生起貪瞋意識，執著滋味，貪欲不捨，所以不應吃肉。九、食肉的人，被諸天人所捨棄，所以不應吃肉。十、食肉的人，口氣很臭，所以不應吃肉。十一、食肉的人，會多做惡夢，所以不應吃肉。十二、食肉的人，如果在山林之中，虎狼都會聞到他的肉香，招惹虎狼的吞啖，所以不應吃肉。十三、肉食會使你對於飲食沒有節制，所以不應吃肉。十四、使修行的人，沒有厭離之心，所以不應吃肉。十五、我曾說過，我們對於所有飲食，都視爲自食子女的肉之想，但是爲療饑，所以便作服藥之想，所以不應吃肉。總之，聽信可以食肉的話，是絕無是處的。」

靜坐應戒葷腥

靜坐如法，可使四大勻調，促進健康，宜取乎自然。身體有病，宜適當調養，不必勉強支持，修行用功不拘於行住坐臥也。靜坐修行目的要了生死，葷食造殺害生，大違慈旨，令人智昧神昏，增長貪瞋淫欲，增加無邊生死。身後業案如山，冤怨債報，寧有了日。漏瓶盛油，虛勞精神，智者可以自審矣。

虛雲大師．《虛雲法彙》

語譯：如法的靜坐，可使氣血調勻，促進健康。如遇身體有病，應該適當調養，聽任自然，不必勉强支持。因爲修行用功並不拘泥於行住坐臥。靜坐修行的目的，是要了生死，所以應該戒除葷食。因爲葷食勢必殺害生命，違背慈悲的宗旨；還會使人智昧神昏，增長貪瞋淫欲，增加無邊生死。又使身後業案如山，冤債如海，償還沒有了日。這正像漏瓶盛油，虛勞精神；有智慧的人，自己應該加以審察了。

攝心爲戒

《楞嚴經》云：「攝心爲戒。」念佛正是攝心之法。即以念佛之正念，止息攀緣之妄念。倘妄心攀色塵之緣，即專念阿彌陀佛，淨念相繼，自不隨色塵所轉，攝歸念佛之正念矣。攀聲塵等緣，一一如是，自不致破戒作惡。念佛念到念念與佛相應，諸念當然不起，意業便能清淨，衆戒自然具足。身口二業，亦由意業所起，意業不想作殺盜淫，不想說妄言、綺語、惡口、兩舌，身口業自不致犯戒。故念佛爲淨業法門，一念佛名，能淨三業。此念佛具足戒學之明證也。

圓瑛法師：《圓瑛法彙》

說明：圓瑛法師（西元一八七五～一九五一年）：法名宏悟，號韜光，福建古田人。十九歲出家，參禪有悟，精研《楞嚴》。旁通教觀，是四大古剎的主持。一九五一年圓寂於北平，世壽七十六歲，著有《圓瑛法彙》

語譯：《楞嚴經》說：「攝心為戒。」念佛正是收攝散亂心的最好方法。因為這是以念佛的正念，止息攀緣的妄念。倘若遇到妄心攀住色塵的緣，就專念阿彌陀佛，淨念不斷，妄心就自然不會隨著色塵而轉，攝歸到念佛的正念中去了。攀著聲塵、香塵……等緣，也都可用念佛的方法。這樣，自然不至於破戒作惡了。

念佛念到念念與佛相應，一切念頭當然不會起來。意業就能清淨，各種戒律自然都具備而不犯了。要知：身口二業，都是從意業而起，意業不想作殺、盜、淫；口不想說妄言、綺語、惡口、兩舌，身業和口業自然不會去犯戒。所以，念佛是淨業法門，一念佛名，能夠清淨身、口、意三業。這正是念佛具備一切戒學的明證。

念佛斷除貪、瞋、癡

應知貪、瞋、癡三毒，多劫以來，染入我們的心田，如油入麵，在和麵時摻入一些油是極其容易的。但摻入之後，想再從麵中取出這些油，那就難如上青天了。所以經典中說世尊的常隨弟子中，許多已證阿羅漢，但三毒所殘留的習氣，仍保留不斷，只有如來才能斷殘習。

對治的辦法是：一、恆修懺悔，二、修習忍辱，善護己念。這兩方面的無上武器——便是一句佛號。

黃念祖居士：《谷響集》

代懺與自懺，功德懸殊

疾病之由，多從殺生中來，故偏重放生也。今更有陳，良以外僧代懺，與內心自懺，功德懸殊。願空其心，盡罷一切諸緣，於空心中，單念一聲阿彌陀佛。所云念者不必啓口動舌，但以默默以心眼返照。一字一字分明，一句一句接續。從朝至暮，從暮至朝，心心靡間，若有痛苦，忍之耐之，一心顧念。經云：「至心念佛一聲，滅八十億劫生死重罪。」故功德懸殊也。

蓮池大師：《蓮宗諸祖法語集要》

語譯：疾病的根由，大多是從殺生而來，所以療病，應偏重放生。今日更有所陳述，請外僧代替懺悔業障，與自己內心懺悔業障，功德懸殊。但願你空虛心地，擱置一切事緣；於空心中，單念一聲阿彌陀佛。念佛時不必啓口動舌，只是默默以心眼返照，一字一字分明，一句一句連續。從早晨到夜晚，從夜晚到早晨，心心不間斷。倘若有痛苦，忍耐克制，一心只顧著念阿彌陀佛。《觀無量壽經》說：「至心念佛一聲，滅八十億劫生死重罪。」所以，請人代懺與自懺，功德懸殊。

一切功德迴向往生

日用之中，所有一絲一毫之善，及誦經禮拜種種善根，皆悉以此功德，迴向往生。如是，則一切行門，皆爲淨土助行。猶如聚衆塵而成地，聚衆流而成海，廣大淵深，其誰能窮？然須發菩提心，誓願度生，所有修持功德，普爲四恩三有，法界衆生迴向。則如火加油，如苗得雨，既與一切衆生深結法緣，速能成就自己大乘勝行。若不知此義，則是凡夫二乘自利之見，雖修妙行，感果卑劣矣。

語譯：日常生活中，所有一絲一毫的善德，以及誦經禮拜的種種善根，將這些功德，全都迴向往生西方極樂世界。如果能這樣做，那麼，一切行門都可做為淨土的助行，猶如聚集眾塵而成大地，匯聚眾流而成大海，廣大淵深，誰也不能窮盡。然後，必須發菩提心，誓願度眾生，所有修持的功德，普為四恩（佛恩、父母恩、眾生恩、國土恩），三有（欲界、色界、無色界的生死），以及十法界的眾生迴向，則如火添油，如苗得雨。既然與一切眾生深結法緣，便能迅速成就自己的大乘殊勝行願。倘若不知這些奧義，則是凡夫二乘（聲聞乘、緣覺乘）自利的見解。雖然修持妙行，所招感的道果卻是卑劣的。

二種類型的迴向

迴向有二種相：一者往相，二者還相。往相者，以己功德迴施一切眾生，作願共往生阿彌陀如來安樂淨土。還相者，生彼土已，得奢摩他毗婆舍那方便力成就，迴入生死稠林，教化一切眾生共向佛道。若往若還，皆為拔眾生度（渡）生死海。

說明：曇鸞大師（西元四七六～五四二年）：元魏時代人。少出家，苦節力學，窮究佛典，兼通外籍，號為神鸞，倡導淨土法門，臨終往生時，瑞相昭然。

語譯：迴向有二種類型，第一類：祈願共同往生迴向。第二類：還入娑婆度眾生迴向。第一類迴向是以自己的所有功德迴向施給一切眾生，發願與一切眾生共同往生西方極樂世界。第二類迴向是往生西方極樂世界後，證得正定智慧，成就善巧方便力後，便倒駕慈航，迴入生死稠林，教化一切眾生共同求證佛道。或共同往生迴向，或倒駕慈航迴向，都是為了拔濟眾生，度（渡）過生死苦海。

淨宗必讀經典

讀誦大乘應以大小《阿彌陀經》為中心，《無量壽經》稱為《大本阿彌陀經》。目前先以小本入手，以《彌陀要解》為核心，結合《疏鈔》（蓮池大師著）和《圓中鈔》（幽溪大師著），復融合《觀經》、〈大勢至念佛圓通章〉、〈普賢行願品〉，深入《無量壽經》，以此為本。復以《大乘起信論》、《金剛經》、《圓覺經》、《法華經》、《首楞嚴經》為輔佐。以上乃學淨、學密者之必讀經論，未可再少。

黃念祖居士：《谷響集》

以四經為淨業修持

雲棲師中興淨土，乃專弘《小本彌陀》，而於《大本無量壽經》及《十六觀經》，《普賢行願品》，皆不及焉。夫不讀《無量壽經》，何以知法藏因地願海之宏深，與果地之圓滿？不次以《十六觀經》，何以知極樂世界之莊嚴，與九品往生之品級？大心既發，觀境親歷，然後要歸於持名。非可以持名而廢發願觀想也。持名至一心不亂，決定往生，而後歸宿於《普賢行願品》，以十大願王括無量壽之二十四願。以每願末，念念相續，無有間斷，身、語、意業，無有疲厭，括《彌陀經》之一心不亂。故現宰官、長者、居士身者，持誦是四經，熟讀成誦之後，依解起行。

魏源居士：《魏源集》

說明：魏源居士（西元一七九四～一八五七年）：原名遠達，字默深，湖南邵陽人。清末著名的思想家。著述甚豐，晚年息心學佛，受菩薩戒，曾有《摩訶阿彌陀經》會集本問世。

語譯：雲棲大師（即蓮池大師）中興淨土宗，只是專弘《小本阿彌陀經》，而對於《大本無量壽經》及《十六觀經》（即《觀無量壽經》）、〈普賢行願品〉都未涉及。如果不讀《無量壽經》，怎麼知道法藏比丘因地修行時大願的宏偉深遠，與果地的圓滿成就呢？不繼之讀《觀無量壽經》，怎麼知道西方極樂世界的種種莊嚴與九品往生的品位呢？即發無上道心，又親歷《觀經》的境界，然而歸趨到持名念佛，並不是說便可用持名念佛來廢棄觀想念佛。持名到一心不亂的境界，決定往生西方極樂世界。最後歸宿到〈普賢行願品〉，以十大願攝括阿彌陀佛的二十四願（或四十八願，開合不同），在每願的末尾，念念相續，無有間斷，身、語、意三業，沒有疲乏厭倦，這便攝括《阿彌陀經》中的一心不亂。所以，示現宰官、長者、居士身的人，應當受持讀誦這四種經典，熟讀成誦之後，依照經解而修行。

㈥、斷惡修善迴向淨土

此土修善，難能可貴

汝等廣植德本，弗犯道禁，忍辱精進，慈心專一。齋戒①清淨，一日一夜，勝在無量壽國，爲善百歲。所以者何？彼佛國土，皆積德衆善，無毫髮之惡；於此修善十日十夜，勝於他方諸佛國中，爲善千歲。所以者何？他方佛國福德自然，無造惡之地。惟此世間，善少惡多，飲苦②食毒③，未嘗寧息。吾哀汝等，苦心誨諭，授予經法，悉持思之，悉奉行之。尊卑、男女、眷屬、朋友，轉相教語，自相約檢。和順義理，歡樂慈孝。所作如犯，則自悔過。去惡就善。朝聞夕改，奉持經戒，如貧得寶。改往修來，灑心易行，自然感降，所願輒得。

《佛說大乘無量壽莊嚴清淨平等覺經》

注釋：①齋戒：此處指八關戒。②飲苦：苦指八苦：即生、老、病、死、求不得、愛別離、怨憎會、五陰熾盛。③食毒：毒指貪、瞋、癡三毒。

語譯：佛告訴彌勒菩薩：「你們大家應當恆常稱念阿彌陀佛，不得違犯戒律；忍辱精進，慈心對待一切衆生，專一修道。在這個世間，奉持一日一夜的八關齋戒，勝過在西方極樂世界中修善百年。爲什麼呢？因爲西方極樂世界都是積德修善的境緣，沒有絲毫作惡的誘發因素；在這個世界修善十日十夜，勝過他方諸佛國中修善千年。爲什麼呢？因爲他方佛國可以自然而然地修福培德，沒有造惡的地方。唯獨這個娑婆世界，善少惡多，衆生備受八苦三毒的煎熬，難得安寧止息。」

「我（佛的自稱）哀愍你們大家，苦口婆心地開示教導，授予經法給你們。你們對所聽到的經法，都應當受持思惟，信奉修行。對那些尊卑、男女、眷屬、朋友等有緣的親友，應當轉相勸勉，相互約束檢點，言行都要和順義理。歡喜安樂、上慈下孝。如果違犯了經戒，應當懇切懺悔，改過自新，捨棄惡行；修持善業，從善如流；知過速改，像貧人獲得珍寶那樣的奉持經戒。改往日的過失，修將來的善業，洗除心垢，捨邪從正。這樣自然會得到感應，所願所求，都能圓滿。」

身心淨潔，與善相應

汝等得佛經語，熟思惟之！各自端守，終身不怠。尊聖敬善，仁慈博愛。當求度世，拔斷生死衆惡之本，當離三途憂怖苦痛之道。

若曹作善，云何第一？當自端心，當自端身，耳目口鼻，皆當自端。身心淨潔，與善相應；勿隨嗜欲，不犯諸惡。言色當和，身行當專；動作瞻視，安定徐爲。作事倉卒，敗悔在後；爲之不諦，亡其工夫。

《佛說大乘無量壽莊嚴清淨平等覺經》

語譯：你們得到佛的經語，應當熟讀經典，端守佛的教誨。盡此一生，終無解怠。尊師重道，推己及人，大慈大悲。應當普令一切衆生永遠解脫生死，以智慧劍斬斷貪欲等煩惱。應當永離三途（畜生、餓鬼、地獄）的憂怖苦痛。

假使你們大家都修善的話，第一步應做什麼呢？應當自然端正心身。身之所行、耳之所聞、口之所言、鼻之所嗅，都應當自然端正。身心清淨純潔，與佛心相應。不要染著五欲（財、色、名、食、睡）六塵（色、聲、香、味、觸、法），諸惡莫作；言語與容顏都應當祥和，一向專念阿彌陀佛。舉止安詳，和緩而行。如果做事慌忙，必將導致失敗與後悔。所作所爲如不謹慎，便會喪失修持的功力。

化解怨恨，努力修善

世間人民，父子、兄弟、夫婦、親屬，當相敬愛，無相憎嫉；有無相通，無得貪惜；言色當和，莫相違戾。或時心爭，有所恚怒，今世恨意，微相憎嫉，後世轉劇，至成大怨。世間之事，更相患害；雖不臨時，應急想破。人在愛欲之中，獨生獨死，獨去獨來，苦樂自當，無有代者。善惡變化，追逐所生，道路不同，會見無期。何不於强健時，努力修善，欲何待乎？

《佛說大乘無量壽莊嚴清淨平等覺經》

語譯：世間人民，父子、兄弟、夫婦、親屬，應當互相恭敬與慈愛，不要憎恨與嫉妒；應當以自己的財物，接濟貧窮的親屬朋友；不得貪婪、慳惜。言語與面色應當和敬，不要互相違逆乖狠。或是一時忽起爭訟之心，生起瞋恚忿怒，今世的小恨，及其微小的憎恨嫉妒，後世便會愈演愈烈，結成深仇大怨。世間冤冤相報的事情，互爲禍害，報應雖不立即顯現於當時，但應覺悟到，因果不虛，一定會報償於後世。

世人沈溺在愛欲之中，生是孤身來，死是獨自去，沒有人相伴隨。苦樂的果報，都是自作自受，沒有誰能夠替代。善惡報應，千變萬化，生生世世，果報如影隨形，相從不捨。眷屬朋友，由於因果不同，所以，輪轉在六道中，難得有相逢之日。你們何不趁强健的時候，努力修善，還有什麼可延遲懈怠的呢？

十種往生法門

有十往生法，可得解脫。一者觀身正念，常懷歡喜，以飲食衣服，施佛及僧，往生阿彌陀佛國。二者正念，以甘妙良藥，施一病比丘，及一切衆生，往生阿彌陀佛國。三者正念，不害一生命，慈悲於一切，往生阿彌陀佛國。四者正念，從師所受戒，淨慧修梵行，心常懷歡喜，往生阿彌陀佛國。五者正念，孝順於父母，敬奉於師長，不起驕慢心，往生阿彌陀佛國。六者正念，往詣於僧房，恭敬於塔寺，聞法解一義，往生阿彌陀佛國。七者正念，一日一夜中，受持八戒齋，不破一，往生阿彌陀佛國。八者正念，若能齋月齋日中，遠離於房舍，常詣於善師，往生阿彌陀佛國。九者正念，常能持淨戒，勤修於禪定；護法不惡口，若能如是行，往生阿彌陀佛國。十者正念，若於無上道，不起誹謗心，精進持淨戒，復教無智者，流布（佈）是經法，教化無量衆生。如是諸人等，悉皆得往生。《十往生經》

語譯：有十種往生的法門，可得解脫生死。第一、觀想阿彌陀佛身像，常懷歡喜心，以飲食衣服布施佛及僧人，往生阿彌陀佛國，第二、正心念佛，以甘妙良藥施送一病比丘，及一切衆生，往生阿彌陀佛國。第三、正心念佛，不損害一條生命，慈悲一切衆生，往生阿彌陀佛國。第四、正心念佛，到法師處求受戒律，以清淨智慧修清淨梵行，心常懷歡喜，往生阿彌陀佛國。第五、正心念佛，孝順父母，恭敬奉事師長，不起驕慢心，往生阿彌陀佛國。第六、正心念佛，前往僧人的寮房恭敬保護佛塔寺院，聽聞經法，體解第一義諦，往生阿彌陀佛國。第七、正心念佛，一日一夜中，受持八戒齋，不犯一戒，往生阿彌陀佛國。第八、正心念佛，倘若能在齋月（三齋月：正月、五月、九月）、齋日（六齋日：初八、十四、十五、二十三、二十九、三十日）中，遠離聚落房舍，經常參訪明師、善知識，往生阿彌陀佛國。第九、正心念佛，經常能奉持清淨戒律，勤修禪定，護持正法，口不出惡語；倘能這樣修行，往生阿彌陀佛國。第十、正心念佛，倘對無上佛道，不起誹謗心，精進奉持清淨戒律；又教導無智慧的衆生，流佈這個經法，教化無量衆生。所有這樣的修行人，都能夠往生阿彌陀佛國。

成就八法，得生淨土

菩薩成就八法，於此世界，行無瘡疣，生於淨土。何等爲八？饒益衆生而不望報。代一切生受諸苦惱。所作功德盡以施之。等心衆生，謙下無閡。於諸菩薩，視之如佛。所未聞經，聞之不疑。不與聲聞而相違背，不嫉彼供，不高己利，而於其中調伏其心。常省己過，不訟彼短，恆以一心求諸功德。是爲八。《維摩詰經》

語譯：菩薩成就八種法門，在這個世界，行業無瑕疵，可得生到淨土。是哪八種法門呢？一、饒益衆生而不望回報。二、代一切衆生承受一切苦惱。三、所作的功德全都迴向布施。四、以平等心對待一切衆生，謙下無隔閡。五、對待諸菩薩，視之如佛。六、所沒有聽過的經教聽聞後不懷疑。七、不與小乘行人相牴牾，不嫉妒他們所得到的供養；不擡高自己的利益，而在這些修行中調伏其心。八、經常反省自己的過失，不指責他人的短處，恆常一心專求一切功德。以上就是八種法門。

雜毒之善，難生淨土

欲明一切衆生身、口、意業所修解行，必須真實心中作。不得外現賢善精進之相，內懷虛假，貪瞋邪僞，奸詐百端，惡性難侵，事同蛇蝎，雖起三業，明爲雜毒之善，亦名虛假之行；不名真實業也。若作如此安心起行者，縱使苦勵身心，日夜十二時，急走急作，如炙頭燃者，衆名雜毒之善。欲迴此雜毒之行，求生彼佛淨土者，此心不可也。

善導大師：《觀經四帖疏》

語譯：要知道一切衆生身、口、意三業所修的悟解與行持，必須從眞實的心中著手。不得外面表現出賢善精進的樣子，內心卻懷虛假、貪婪、瞋恚、邪惡和僞詐，奸詐多端，惡性難改，做的事如同蛇蝎那樣的陰險。雖然修行身、口、意三業，卻只名爲摻入陰毒的善業，又可叫做虛假的修行，不能稱爲眞實的修持。假若有人做這類雜毒的善業，並竟安心依這而修行。縱使此人苦切激勵身心，日夜十二時辰，如同頭顱被炙烤燃燒那樣，急迫地修行，也只叫做摻入雜毒的善業。如果意欲迴向這種雜毒的修行，求生阿彌陀佛的淨土，這個心願是不可能實現的。

誠則潛通佛智

世出世間諸法，無不以誠為本。則修行人，更當致誠。誠則業障消除，善根增長。凡誦經時，必須息慮忘緣，一心淨念，如對聖容，親聆圓音，不敢稍懈怠疏忽之容。久而久之，自可潛通佛智，暗合道妙。喻如陽春一到，堅冰自消。誠到極處，豁然貫通。此是看經念佛最妙之法。汝能終身依此而行，其利益有不可明言焉者。

印光大師：《印光大師全集》

語譯：一切世間法和出世間法，無不以誠為根本。那麼，修淨業的人，更應當致誠。誠能使業障消除，善根增長。凡是誦經時，必須息除思慮，忘掉萬緣；一心淨念，如同面覲佛容，親聆佛的圓妙法音。不敢稍稍萌起懈怠疏忽的心理。這樣久而久之，自然可以潛通佛的智慧，暗合道的奧妙。猶如陽春一到，堅冰自然融化。心誠到極點，便會豁然貫通。這就是看經念佛的最妙的方法。你如能終生依照這個方法去修行，將會獲得不可言說的利益。

向恭敬中求佛法實益

欲得佛法實益，須向恭敬中求。有一分恭敬，則消一分罪業，增一分福慧；有十分恭敬，則消十分罪業，增十分福慧。若無恭敬而致褻慢，則罪業愈增，而福慧愈減矣。

印光大師：《印光法師文鈔》

語譯：如欲獲得佛法的眞實利益，必須向恭敬中求取。有一分恭敬則消一分罪業，增一分福慧；有十分恭敬則消十分罪業，增十分福慧；假若無恭敬而致褻瀆輕慢，則罪業愈增，而福慧愈減。

不貪名利，本分念佛

我出家後，到處參訪，時遍融師門庭大振。予至京師叩之，膝行再請。師曰：「你可守本分，不要去貪名求利；不要去攀援，只要因果分明，一心念佛。」予受教。同行者大笑：「以這幾句話，那個說不出，千里遠來，人道有甚高妙處，原來不值半文。」予曰：「這個正見他好處。我們渴仰企慕，遠來到此。他卻不說玄說妙，淩駕我們。只老老實實，把自家體認過切近精實的工夫，丁寧（叮嚀）開示，故此是他好處。」我至今著實遵守，不曾放失。

蓮池大師：《蓮宗諸祖法語集要》

語譯：我出家後，到處參訪善知識，當時遍融大師的門庭大振。我到京師叩拜遍融大師，跪拜再三請大師開示。遍融大師對我說：「你可要守本分，不要去貪名求利，不要去攀緣；只要因果分明，一心念佛。」我恭敬受教。和我同來參訪的人聽了大笑，說：「這幾句話，哪個說不出？我們千里遠來叩問，還以爲會有高妙的開示，原來不值半文。」我說：「這個正可說明遍融大師的好處。我們渴仰企幕，遠道來到這裡請教，他卻不說玄妙的話淩駕我們，而只是老老實實地把自己體會到的切近精實的工夫，叮嚀開示我們。所以，這正是他的高妙處。」我至今還踏實地遵守著這個教誨，不曾違失。

潛修密證，切勿張揚

嗟今之人，或有修而無效者，蓋彼信根淺薄，因地不真。未曾立行，先欲人知，內則自矜，外欲顯曜，使人恭敬供養，冀有所得。甚至妄言得見淨境；或見小境及夢中善相，未識是非，先欲明說。此等卑下，必爲如上魔侶所惑，願行退失，還隨生死苦趣，可不慎哉！

是則行人還當審諦，密實自行，內懷慚愧，勿露其德；至到家時，不被如上强軟二魔所惑可也。中有宿障欲滅，微見好相。如其不能蘊德，聞人之耳，則其行必覆。

妙叶：《念佛直指》

語譯：感嘆現在的人，或有修行而無效果，其原因在於他們信根淺薄。修行的動機不眞實。還沒有作多少修持，便首先企望他人知道。內則自我驕慢，外面欲顯榮耀，使人恭敬供養，意有他圖。甚至妄言見到清淨境界，或者見到小的境界以及夢中善相。未曾識別是非眞妄，首先便張揚出來。這樣的卑下心理，必定被如上的魔侶所迷惑，願行退失，還隨生死苦趣輪轉，不可不愼重！

由此，修行人還應當仔細審察，潛密眞實地自我修行。內懷慚愧之心，不要顯露自己的功德。直到修證到家，不再被如上强軟二魔所迷惑時，方可透露一二。修行過程中，出現宿障即將除滅，或者稍微見到好相，如果自己不能蘊藉其德，而張揚於他人耳目，那麼，此人的修行必定前功盡棄。

念佛貴閉戶潛修

念佛之法，貴閉戶潛修。無論趺坐、經行念，默持、出聲念，必須一心靠定佛號。字字分明，才覺模糊，急提起覺照。或落於無記，或流於妄想，旋覺旋提。將此一句佛號，薰逼意根，塞斷雜念昏沈兩路，是爲念佛正轍。不可過急，急則難久；不可過緩，緩則易散。又不可希冀入定。全不作意，放下隨口而念，最易入於輕昏境界。蓋念佛重在一心不亂，臨命終時，全仗這個念頭徑入蓮胎。迨至一心之極，不期禪定現前而自現，此是工夫純熟時候，與放下隨口入於輕昏者，迥然不同。

陳復齋居士：《勸修淨土切要》

語譯：念佛法門，貴在閉戶潛修。無論趺坐念佛、經行念佛、默念、出聲念，必須一心靠定佛號，字字分明。剛一覺察佛號模糊，趕緊提起覺照。或是落於無記，或是流於妄想。一覺察，旋即提起正念。將這一句佛號，薰逼意（第六意識）根，阻斷雜念與昏沈兩路，這就叫做念佛正軌。念佛的聲音不可過於急促，急促則難於持久；不可過於緩慢，緩慢則容易散亂。又不可希冀入禪定，如果完全不作意，放下隨口而念，這樣最容易進入輕度昏沈境界。念佛重在一心不亂，臨命終時，全仗這個念頭徑直進入蓮胞。等到一心不亂到極點，不企求禪定，而禪定自然顯現。這是工夫純熟的時節，這與放下隨口念佛而入於輕昏的境界，迥然不同。

生處要熟，熟處要生

學道無他伎倆，只是生處要熟，熟處要生，久久純熟，打成一片。自然念念彌陀，頭頭極樂矣。近見學道之士，只知貪求玄妙，不知向根本處下死工夫，及臨榮辱、禍患、死生之際，便見手忙腳亂，此非人誤，乃自誤耳。生死根者：即吾人日用種種妄想，人、我、憎、愛、貪、瞋、癡等諸煩惱業。若有一絲不斷，即是生死根本。今要參禪頓悟了生死，請自忖量，果能一念頓斷歷劫煩惱，如斬亂絲否？若不能斷煩惱，縱能頓悟，亦成魔業，豈可輕視？

憨山大師：《憨山老人夢遊集》

語譯：學道並無其他伎倆，只是生疏處要熟悉，熟悉處要生疏。久久純熟，自會打成一片。到此地步自然念念都是阿彌陀佛，頭頭全是極樂世界。近來看到一些學道人，只知道貪求玄妙，不知道應向根本處下死工夫。等到面臨榮辱、禍患、死生的關節，便只見他們手忙腳亂了。這不是他人相誤，乃是自己誤了自己。生死根本就是我們日常生活的種種妄想、人、我、憎、愛、貪、瞋、癡等衆多的煩惱業；這些煩惱業如果有一絲不斬斷，就是生死根本。如今想要參禪頓悟了脫生死，便請自己忖度思量，果眞能夠一念頓斷多劫的煩惱，如快刀斬亂絲否？倘若不能斷盡煩惱，縱能頓悟，也成魔業，豈可輕視？

結交淨侶

一切悟機，非友不發；一切惡法，非友不止。行道求友，當嚴別淨穢。當近：一、山林閑適之友，能止躁心故；二、嚴持戒律之友，能淡諸欲故；三、智慧廣大之友，能出迷津故；四、總持文字之友，能決疑難故；五、寂寞枯槁之友，能恬進取故；六、謙卑忍辱之友，能銷我慢故；七、直心忠告之友，能抑諸過故；八、勇猛精進之友，能速道果故；九、輕財好施之友，能破大慳故；十、仁慈覆物，不惜身命之友，能摧人我等執故。

若無如是淨侶，即當屏（摒）人獨處，自辦道業，以像爲師，以經爲侶。其他嬉戲之徒，寧絕勿通。

袁宏道居士：《西方合論》

語譯：一切開語的契機，非朋友不能發起；一切邪惡之法，非朋友不能阻止。學道求友應當嚴格區別淨友和穢友。應當親近如下十類淨友。第一、山林閑逸之友，因爲這類淨友能夠阻抑我們的躁妄心。第二、嚴持戒律之友，因爲這類朋友能澹泊我們的貪欲。第三、智慧廣大之友，因爲這類朋友能指點我們走出迷津。第四、解經文奧義之友，因爲這類朋友能解決我們的疑難問題。第五、寂寞枯槁之友，因爲這類朋友能使我們恬淡，學道進取。第六、謙卑忍辱之友，因爲這類朋友能銷除我們的貢高我慢。第七、直心忠告之友，因爲這類朋友能抑阻我們衆多的過失。第八、勇猛精進之友，因爲這類朋友能使我們速成道果。第九、輕財好施之友，因爲這類朋友能破除我們的慳吝。第十、仁慈愛物不惜身命之友，因爲這類朋友能摧折人我是非等執著。

倘若沒有如上的淨友，即應當摒絕人羣，孤身獨處，自辦道業。以佛像爲師，以佛經爲友。其他嬉戲玩鬧之人，絕對不能結交。

會客以寸香爲限

尊客相逢，勿談世諦；寸香爲期，唯道是語。不近人情，不拘俗禮；知我罪我，聽之而已。

省庵大師：《省庵語錄》

說明：省庵大師的〈寸香齋銘〉，說明眞修道人惜時如金，如救頭燃的精神。

語譯：尊客相逢，不談塵勞俗事；以一寸香爲限，寸香之外的時間，唯談修行道語。不近人情，不拘俗禮；理解我的，怪罪我的，只得聽任自然。

淨業的微妙助行

更有一種微妙助行。當歷緣境，處處用心。如見眷屬，當作西方法眷想，以淨土法門而開導之；令輕愛以一其念，永作將來無生眷屬。若生恩愛時，當念淨土眷屬無有情愛，何當得生淨土，遠離此愛。若生瞋恚時，當念淨土眷屬無有觸惱，何當往生淨土，得離此瞋。若受苦時，當念淨土無有衆苦，但受諸樂。若受樂時，當念淨土之樂，無央無待。凡歷緣境，皆以此意而推廣之；則一切時處無非淨土之助行也。

幽溪法師：《淨土法語》

語譯：念佛法門還有一種微妙的助行。每當待人接物時，處處用心譬如見到眷屬，便當作西方淨土的法侶眷屬，以淨土法門開導對方；使其輕淡情愛以純一正念，永遠作將來西方極樂世界中的無生眷屬。倘若生起恩愛時，應當心念西方淨土眷屬是沒有情愛的，發願往生西方淨土的人應遠離這種情愛。倘若生起瞋恚時，應當心念淨土眷屬沒有觸惱，發願往生西方淨土的人應捨離瞋恨心。倘若受苦時，應當繫念西方淨土沒有衆苦，但享受種種快樂。倘若享受歡樂時，應當繫念西方淨土的快樂，無量無邊。凡是對境歷緣，都以這種意想推而廣之；這樣則一切時，一切處，無一不是淨土的助行。

淨土持名三大要

淨土持名之法，有三大要：一者，六字洪名念念之間欣厭具足，如出獄囚，奔托王家，步步之間欣厭具足。是故萬緣之唾不食，衆苦之悲莫回。高置身於蓮花，便訂盟於芬利。蛆蠅糞壤，可煞驚慚。二者，參禪不可無淨土，爲防退墮，寧不寒心。淨土不可入禪機，意見稍乘，二門俱破。若夫餘宗，在昔之時，不必改弦，但加善巧迴向。在今之世，只可助行，必須淨業專修，冷暖自知，何容強諍？三者，一句彌陀，非大徹不能全提，而最愚亦無少欠。倘有些子分別，便成大法魔殃，只貴一心受持，寧羨依稀解悟。

成時法師：《淨土十要．流通序》

說明：成時法師（西元？～一六七八年）：明代僧，徽州歙縣人。俗姓吳，號堅密。二十八歲出家，依止蕅益大師，弘揚法華，勤修淨業，刊刻《淨土十要》，並自作序，廣爲流通。

語譯：淨土持名的法門，有三大要點：

第一、南無阿彌陀佛的六字洪名，念念之間，都具備對淨土的欣慕和對娑婆世界的厭離。如同出獄的囚犯，趁奔投靠帝王之家。每一步都充滿著欣慕和厭離的情感。所以，不理睬種種逆境的阻礙，不在衆苦悲惱前退轉。這樣，便可安穩地置身在蓮花中，盟誓在白蓮花裡。使那些還在糞坑穢壤中掙扎的蛆蟲蒼蠅，感到極度的驚奇與慚愧。

第二、爲了防止退轉和墮落，參禪的人應當兼修淨土。如果參禪沒能徹悟徹證，便仍然輪轉生死，這豈不令人心寒。修淨土的人不可以雜夾禪機，因爲禪淨稍有不會通處，二種法門均遭敗壞，不可不愼。如果修持其他宗門的，在以前的時代，倒是不必改弦易轍，只要在正修的基礎上，加以善巧的迴向就可以。而在現今的時代，其他的法門只可作爲助行，必須專修淨業。其效用內心明白，還用得著爭辯嗎？

第三、一句阿彌陀佛，不是大徹大悟者難以至誠稱念；而最愚癡者也不會有些微的欠缺。倘若還有這樣的那樣的分別心，便會成爲淨土大法的魔障與禍殃。只貴一心信受奉持，不必慕求那種似是而非的解悟。

莫妄想，耐冷淡

念佛加行有二：一曰莫妄想。凡對一切境界，並將視爲空，不可執著以起想念。世間愛生，皆由妄想造成，此乃生死根本，不可不知。二曰耐冷淡。世人造業，都由耐不得冷淡。既欲做個出世賢聖，猶與世俗貪逐五欲無異，不惟佛不得成，閻羅老子不是瞎漢。何緣妄想，就因耐不得冷淡，此是大大病根。若先除此二病，心內自寂靜，智慧自光明，於佛法有趣向分矣。

劉洙源居士：《佛法要領》

語譯：念佛的輔助修行有二種：一是不打妄想。凡面對一切境界，透視其空幻，不可執著攀緣，生起渴想妄念。生在這個世間，都是由妄想所致，這正是生死的根本，不可不知。二是要耐得住冷淡。世人造業，都是由於耐不得冷淡。既然希望做一個出世的賢聖，然而還與世間俗子一樣貪戀追逐五欲，這不僅佛道難成，閻羅老子有算總帳之日。為什麼有妄想，正是由於耐不得冷淡，這是很大的病根。倘若首先根除這二種病；那麼，內心自然寂靜，智慧自會光明。對於佛法才會有證悟。

守護善心，摒棄惡念

若念佛之人，塵垢未淨，惡念起時，須自檢點；或有慳貪心、瞋恨心、癡愛心、嫉妒心、欺誑心、吾我心、貢高心、諂曲心、輕見心、能所心，及諸逆順境界隨染所生一切不善之心；設或起時，急須高聲念佛，斂念歸正，勿令惡心相續，直下打並淨盡，永不復生。所有深信心、至誠心、發願迴向心、慈悲心、謙下心、平等心、方便心、忍辱心、持戒心、喜捨心、禪定心、精進心、菩提心，及一切善心，常當守護。更要離非梵行，斷惡律儀；雞狗豬羊，慎毋畜養；畋獵漁捕，皆不應爲。當隨佛學，應以去惡取善爲鑒戒。

優曇法師：《蓮宗寶鑒》

語譯：若是念佛的人，塵垢還沒有除淨，惡念起來的時候，必須自己檢點。是不是有慳貪心、瞋恨心、癡愛心、嫉妒心、欺誑心、人我心、貢高心、諂曲心、邪見心、輕慢心、能所心，以及由多種逆順境界所帶來的一切不善的心。當這些惡心念起來的時候，急須高聲念佛，收斂惡念歸於正念，不要使惡心相續，直下將其打消乾淨，永不再生。所有深信心、至誠心、發願迴向心、慈悲心、謙下心、平等心、方便心、忍辱心、持戒心、喜捨心、禪定心、精進心、菩提心，以及一切善心，應該經常保持守護，更要遠離不屬於清淨梵行的活動，斷除邪惡的律儀。雞狗豬羊不要畜養，打獵捕魚不應去幹。必須正依佛的教語修學，應以去惡取善作爲鑒戒。

寒山與拾得的對話

寒山①問拾得②云：「世人謗我、欺我、辱我、笑我、輕我、賤我、騙我，如何處治？」拾得云：「只得忍他、讓他、耐他、敬他，不要理他，再等幾年，你且看他，有他無他。」

《淨土摘要寶鑑》

注釋：①寒山：唐代高僧。好吟詩偈，狀似瘋狂，以樺樹皮為帽。穿短衣，踏木屐，人們不知他是得道高僧。當地知府閭丘胤到寺求見，寒山走歸寒巖，入穴而去，其穴自合。②拾得：唐代高僧。與寒山為友，亦與寒山同逝。據傳二人均是大權示現的佛、菩薩。

語譯：寒山問拾得：「世人誹謗我、詈罵我、輕慢我、侮辱我、欺負我、譏笑我、詐騙我，如何對待？」拾得回答說：「只得忍他、讓他、耐他、敬他，不要理會他，再等幾年，你且看他，有他沒有他。」

白居易念佛詩

余年七十一，不復事吟哦；
看經費眼力，作福畏奔波。
何以度心眼？一聲阿彌陀；
行也阿彌陀，坐也阿彌陀；
縱饒忙似箭，不廢阿彌陀；
日暮而途遠，吾生已蹉跎。
旦夕清淨心，但念阿彌陀；
達人應笑我，多卻阿彌陀。
達又作麼生？不達又如何？
普勸法界衆，同念阿彌陀！

白居易居士：《白居易全集》

說明：白居易（西元七七二～八四六年）：字樂天，號香山居士。唐代著名詩人，貞元進士。中年皈佛，親近高僧，從受淨戒，於東都結社念佛，發願生西，不怠不墮，以迄終年。

語譯：

我今年已七十一歲了，
不再像從前那樣吟詩弄詞；
閱看經書勞累眼力，
作福修善畏懼奔波。
以什麼來開啓內心光明呢？
只就一聲阿彌陀佛。
行也是阿彌陀佛，
坐也是阿彌陀佛。
縱然飛箭般的忙碌，
也不輟念阿彌陀佛。
已到暮年而佛道遙遠，
我的一生已經蹉跎；

清晨薄暮清淨心地，
聲聲只念阿彌陀佛。
聰明人可能會嘲笑我，
他們大多拒絕阿彌陀佛。
通達一切又有什麼用呢？
不通達又會怎麼樣呢？
普勸十法界的所有衆生，
共同稱念阿彌陀佛！

下下根人有上上智

念佛時，既不能操之過急，追趕次數，以免傷氣耗血；亦不能疏漏緩慢，讓妄念有空可鑽；既不可追求一心不亂，以免妄上加妄，更不可認念佛成片爲難，畏懼不前。我人果真看破紅塵，知一切是幻，毫無繫念，定能死心塌地地抓緊一句佛號，著力提持，而不致口念心亂，妄念翻滾不歇。念佛如能像推重車上山一樣用力，句句相接，字字分明，雖下下根人亦不怕佛念不能成片，心不開悟！因念佛工夫，不在懂得深奧玄妙的道理，而貴專一，心不外馳，便能一切放下，死心塌地的一心念佛。久久功純，妄心何患不融？佛性何患不見？故云：「下下根人有上上智。」蓋看破紅塵，一切放下，專心念佛，即上上智也。

元音老人：《略論明心見性》

語譯：念佛，既不能操之過急，追趕次數，以致傷氣耗血；也不能疏漏緩慢，讓妄念有孔可鑽；既不可追求一心不亂，以致妄上加妄；更不可認爲念佛成片難達到，因而畏懼不前。我們果眞能看破紅塵，了知一切世相的虛幻，絲毫沒有掛念。就必定能死心塌地地抓緊一句佛號，著力提持，這樣就不會導致口念而心亂，妄想翻滾不歇了。念佛如果能像推重車上山那樣用力，句句相接，字字分明地緩念下去，雖下下根人也不怕念佛不能成片，心不開悟！

因爲念佛工夫，不在於懂得深奧玄妙的道理，而是貴在專一，心不外馳。這樣便能一切放下，死心塌地地一心念佛。久久工夫純熟，妄心還怕它不融化，佛性還怕它見不到嗎？所以說：「下下根人有上上智。」因爲下下根人雖不懂高深的道理，但能看破紅塵，一切放下，專心念佛，這就是上上智哩！

淨業四忌

修淨土法門的，在一心念佛的時候，急遽不得，疑畏不得，放鬆不得，矜喜不得。這四句包含著八種意義，應分四層來看，一層深入一層。現在一層層分析說明如下：

第一層，急遽不得。急就是焦急，遽就是匆遽。在初用功時，往往都是這一現象，急於求成，恨不得立即得到靈感、神通，或一些什麼效益。要知道，我們生活在大地上的凡夫，從無量劫來，所造的罪業，所有的妄想，真要比恆河裡的沙還多呢！要將這些罪業和妄想清除掉，那又談何容易。若是不知道這一道理，一味想求得速效，是會欲速則不達的。有的人見到效果不快，於是產生焦急情緒，不知焦急是退悔的根，實是學道的大忌。所以說，急不得。

還有，初發心的人，慕道心很切，恨不得將所有教理，在一日之中就融會貫通；將所有功德，在一個早晨全部做完。今天看到這部經很稀有，就急切地想誦完它；明日聽說某一咒不可思議，又急忙去持誦它。根本沒有考慮到自己的精力和時間是不是夠得到？和自己所修的法門是不是有夾雜？結果，導致終日忙忙碌碌，沒有從容自得的情趣。由於頭緒紛歧，雖然化了不少勞力，可是收效卻很少。

還有，每當做功課之前，應該先靜坐片刻，將遊思雜念打掃打掃，然後再用功，那麼，心就比較乾淨；若是剛做完一事，就匆匆進佛堂、做功課，這就會心頭亂糟糟，一時安定下不來。所以說，遽不得。

第二層，疑畏不得。疑是懷疑，畏是怖畏，這是用功在漸進時所有的現象。在沒有念佛之前，自己覺得心中沒有雜念，念佛之後，反覺妄想很多；等到用功愈長久、愈加緊，那妄念也隨著愈來愈多，於是產生懷疑，這是什麼道理呢？實不知，在沒有念佛用功時，妄念原來是多得不可計數的，只因你自己不覺得罷了。現在能覺知它非常之多，正是你的心已漸入寧靜的境界，於是才能察覺到。譬如日間處身在鬧市中，雖然車來馬往噪聲很大，但不覺其鬧；可是在夜深人靜時，就是蟲鳴鼠跳，也會嫌其煩擾，就是這個道理。如果錯誤地生起懷疑的心，一定會阻礙修道的進步。所以說，疑不得。

功力日漸增進，或一日之間妄念很少，忽而明日又妄念很多，甚至怎麼排遣也不肯去。這時不可強行抑制，只有極力提起正念，或高聲念，或追頂念、或跪念、或拜念。時間稍久，妄念敵不過正念，就會逐漸退去。有時念佛念得很好，可是妄念突然生起，就像是從天外飛來，甚至會是窮凶極惡的妄念，爲生平所沒有想到過的。這時切不可恐怖，須知這是多生以前曾經作過這種事，在八識田裡留下的種子，現在幸虧得佛力冥熏，將它逼出。這時應向佛前痛切懺悔，哀求加護，使以前所造的罪業根本拔除，這一點是非常重要的。如果因此生畏怯心，這就會妨礙功德。

還有，工夫加緊的時候，或忽覺眼前的山河大地以及自身空無所有，這也不必畏懼，只要極力念佛，求佛攝受，把空境置之度外，不予理睬就是了，否則也會障礙修道進程。所以說，畏不得。

第三層，放鬆不得。放是放任，鬆是鬆弛。這是對用功漸純時說的，念佛到了純熟的時候，一句佛號衝口即出，本是好事。但如果認爲已到了無念而念的境界，放開胸懷隨口念去，像世俗所謂「滑口讀過」那樣，這又成爲毛病了。病在什麼地方呢？因爲求佛攝受的心不切，這時必須聲聲著實，字字靠緊。應當聚精會神，一心悲仰，句句都從心中懇切流出，然後生西的願才能著實有憑。所以說，放不得。

工夫愈做愈純的時候，心裡沒有渣滓，遍體輕快，異常安適，這就是佛經裡所說的「輕安」。但是切不可一味悠遊自在，自以爲得；相反地，更應緊緊著力，更加勇猛。否則，不進則退，就連這既得的輕安也將失去了。應該知道，要想逆生死流而出輪迴，豈可片刻鬆勁呢？所以說，鬆不得。

第四層，矜喜不得。矜就是自誇自大，喜就是欣喜。這是用功到了接近成功的時候，所容易發生的情況。綿密用功，精勤不息，忽而妄念暫銷，心光發露，能夠見到聖境。這時只可向真善知識密求印證，切忌逢人便說，到處宣揚。因爲，你如果把這種事宣揚出去，就會引起各方面的稱頌。同時，自己也會有不正確的想法，認爲幾經勤苦，而今終於得到了，這是多麼幸運啊！若有這樣的心念，那就是自矜。矜心起來，我慢心也就隨著產生了。於是前功就會退墮，所以，矜不得。

如能既不矜張，而還是勤密用功，那麼，久而久之，就會自見己身趺坐在蓮花上，或見三聖（阿彌陀佛、觀世音菩薩、大勢至菩薩）金容，或蒙阿彌陀佛放光摩頂，或自己列隊在清淨海會中。這樣境界能經歷一日、二日，甚至數月經年現前不散，這時切不可欣欣自喜。喜心若起，念佛的心就已不專一，不專一就散亂了。這樣，即將得到的念佛三昧就會因此失去。所以說，喜不得。

以上四層，只是依言說方便，排列次第，實際上，或前後互起，或一時同現。也有人念佛很久，並沒有什麼出入，或念雖不久，境界卻是很好的。這要看根性的利鈍，業障的深淺，功行的勤怠，隨人而異。總之，無論什麼人、什麼時，發現什麼境界，必須審察它的利弊，知道怎樣修治，這是最要緊的。假使自己不能審知，就應當親近真善知識。進一步說，用功固然應該求得念佛三昧，但不可著意去求。因爲功到自然能證得，不是可以强求的。即使生前不能親自證得，但只須真信切願，老實力行，臨終必能蒙佛接引，切不可自暴自棄，灰心喪志。

江味農居士講述，摘自《淨土文摘》

㈦、念佛應防魔

妄求境界即被魔轉

近來修行者多著魔，皆由以躁妄心，冀勝境界。勿道其境是魔，即是勝境，一生貪著歡喜等心，便受損不受益矣，況其境未必是勝境界。倘其人有涵養，無躁妄心，見諸境界，直同未見，不生歡喜貪著，恐怖驚疑，勿道勝境現有益，即魔境現亦有益。何以故？不為魔轉，即能上進故。

印光大師：《印光法師文鈔》

語譯：近來修行的人，多有著魔的事情發生，這都是由於躁妄心，急於希望有感通、有勝境出現。應該知道，不要說顯現的境是魔所現，即便是勝妙境界，只要生起一念貪著歡喜之心，就會受到障礙和損害，對修持不會有絲毫的利益，又何況多數境界未必都是勝境啊！

假使對佛法有涵養的人，沒有躁妄心，見到了各種境界，不加理睬，如同沒有見到一樣，不生歡喜貪著，或恐怖驚疑的心情。那麼，不要說勝境的出現對他有益，就是出現魔境也是有益的。爲什麼呢？因爲不爲魔轉，就能順利上進了。

念佛著魔的原因

魔事之由來，其由有三：一者，教理未明；二者，不遇善友；三者，自不覺察。今夫人適千里之路，苟不按輿圖，又不逢引導，復不識前路通塞，莽莽然而進，吾知其難免於錯誤之患矣。參禪念佛，譬如行路，經教如輿圖，善友如引導，覺察之心如識路通塞，雖兩條途路，夷險不同，俱不免錯誤之患。

省庵大師：《省庵語錄》

語譯：念佛人著魔，有三種原由。第一、教理不明白。第二、沒有遇到善友。第三、自己不覺察。如今有人行千里之路，如果不依據地圖，又不遇上引導人，再加上不認識前路的通與塞，魯莽而進，我知道這人難免陷入錯誤的困境。參禪念佛，譬如行路，經書教理如地圖，善友如引導人，自己的覺察之心如同識別道路通塞，雖然參禪念佛這兩條道路，有平坦和艱險的不同，但都難免有錯誤的患害。

不可貪戀執著境界

修淨業人，不以種種境界爲事，故亦無甚境界發生。若心中專欲見境界，則境界便多。倘不善用心，或致受損。要識其大者，否則得小益必受大損。勿道此種境界，即真得五通，尚須置之度外，方可得漏盡通。若一貪著，即難上進，或至退墮。

印光大師：《印光法師文鈔》

語譯：修淨業的人，不貪求種種境界，因而也就不會發生什麼境界。假若心中專欲見到境界，則境界便會多起來。倘若不善於用心細察，或會導致受損。要明白修行的大目標，否則得小益而必定受大損。不要說這種境界，就是眞正獲得五通（天眼通、天耳通、神足通、他心通、宿命通），尚且必須置之度外，方可獲得漏盡通。假若一貪戀執著境界便難上進，甚或導致退墮。

勿以躁妄心求感通

竊謂座下此心，實屬不可思議。然於關中用功，當以專精不二爲主。心果得一，自有不可思議感通。於未一之前，切不可以躁妄心先求感通。一心之後，定有感通，感通則心更精一。所謂明鏡當臺，遇形斯映，紜紜自彼，與我何涉？心未一而切求感通，即此求感通之心，便是修道第一大障。況以躁妄格外企望，或致起魔事，破壞淨心。大勢至謂：「都攝六根，淨念相繼，得三魔地，斯爲第一。」敢爲座下陳之。

印光大師：《印光法師文鈔》

說明：弘一律師致函印光大師請教閉關念佛的法要，以冀親證念佛三昧，印光大師回函以答。

語譯：自忖座下（指弘一律師）這種精進之心，眞實不可思議。然而閉關用功，應當以專精不二爲主。果眞得一心不亂，自然會有不可思議的感通。在未得一心之前，切不可以躁妄心先求感通。得一心之後，必定感應相交，感應道交後心將更爲精一。如同置放在臺座上的明鏡，形來映照，形去則空。外境紛紜雜沓，與我（明鏡）沒有關涉。未得一心而迫切求感通，即這求感通的心便是修道的第一大障礙。況且以躁妄心格外企望境界，有時容易引起魔事，破壞淸靜心。大勢至菩薩「都攝六根（眼、耳、鼻、舌、身、意），淨念相繼，證得佛法的正受，這是第一的妙法」的開示，在此轉述給座下（指弘一律師）。

修行切忌好高務勝

淨土一法，人人可修，修之均有感應。今人多多皆是好高務勝。以致或因撐場面，反累實益也。現今之人，一動手先講架子，未知淨土之所以，便欲遍研大乘經論。或慕禪宗之玄妙，或慕相宗之精微，或慕密宗之神通。將仗佛力了生死之法，視之若不濟事者。禪宗，縱能悟，誰到業盡情空地位？相宗，縱然記清名相，誰能真破我法二執？密宗之神通，及現身成佛，亦實有其事，然非爾我之根性所可冀及。有欲得神通，欲即成佛，而由茲著魔發狂者，甚多甚多。印光大師：《印光大師全集》

語譯：淨土法門，人人都可以修持，修持者都會有感應。今人大多都是好高務勝，以致或是因爲硬撐場面，反而障礙眞實利益。如今的人，一動手先擺架子，不知淨土法門的奧義，便想遍研大乘經論。或傾慕禪宗的玄妙，或傾慕法相宗的精微，或傾慕密宗的神通。將這個仗佛力了生死的淨土法門，看不上眼，認爲無濟於事。修禪宗，縱然契悟，誰能修到業盡情空的地位？修法相宗，縱然記得清名相，誰能眞正破除我執與法執？密宗的神通，及其即身成佛，也實有其事，然而，那種境界不是你我的根性所可冀及的。希望得神通，希望即生成佛的人，由於修密宗而著魔發狂的非常非常多。不可不愼！

念佛人應摒十處

學道人既有志出塵，當捨諸惡處。一、繁華喧鬨處。二、歌樓酒肆處。三、熱焰熏灼處。四、論朝事處。五、恩愛纏縛及熟遊歷處。六、詩壇文社，鬥章摘句處。七、譏刺古今，較長競短處。八、講無義味道學處。九、義解家鬥名相，矜小智處。十、宗乘狂解，妄談頓悟，輕視戒律處。是等撓道，與魔不異，是故當遠。若離是諸處，一切道業，即當成辦。

袁宏道居士：《西方合論》

語譯：學道的人既然有志於跳出塵世，便應當捨棄一切穢惡的地方，具體的說，有十種地方要遠離：第一、繁華喧鬧的地方。第二、歌樓酒店處。第三、熱焰熏灼的地方。第四、議論朝廷政事的地方。第五、恩愛纏縛與旅遊勝地。第六、詩壇文社，鬥章摘句的地方。第七、諷古刺今，說長道短的地方。第八、講演空洞無義味的學問處。第九、注解經義者高談名相，誇矜小智的地方。第十、禪宗狂解，妄談頓悟，輕視戒律的地方。上述十處能障礙道業，同魔沒有二樣；所以，修淨業者應當遠離。倘若能夠遠避，一切道業便容易成就。

運氣煉丹不是佛法正道

佛法唯教人止惡修善，明心見性，斷惑證真，了生脫死。一大藏經，絕無一字教人運氣煉丹，求成仙升天，長生不老者。夫煉丹一法，非無利益，只可延年益壽，極功至於成仙升天。尚非老子真傳，況是佛法正道？孔子曰：「朝聞道，夕死可矣。」老子曰：「吾有大患，爲吾有身。」若能領會此語，便不被彼所迷。

印光大師：《印光法師文鈔》

語譯：佛法唯教人止惡修善，明心見性，斷惑證眞，了生脫死。一大藏經中，絕對沒有一字教人運氣煉丹，求成仙升天長生不老的。煉丹一法不是沒有利益，只是可以延年益壽，工夫到極處也可以達到成仙升天。煉丹練氣尚且不是老子的眞傳，難道還是佛法正道嗎？孔子說：「早上聽聞到道，傍晚死去也是可以的。」老子說：「我有大患，就是因爲我有肉身。」假若能夠領會這些話，便不會被煉丹運氣之類所迷惑了。

㈧、淨宗與禪宗

解禪淨奧義，入佛的知見

爾時，淨法菩薩重白佛言：「如來昔說法時，教諸衆生惟淨其心，若人心淨，則佛土淨。又說一切衆生，念阿彌陀佛名號，決生淨土。若心淨則佛土淨者，則淨心立地成佛，何必念佛求生淨土？若淨土必須念佛，何以如來又說一切心淨則佛土淨？惟願說此二種法門，無使學禪那人，與念佛衆生，致起疑惑，互相詆謗，礙修行路。」

佛言：「善男子！如來昔說法時，曾言如是兩種方便。然彼衆生，不解如來所說念佛之義，又不達如來所說心淨則佛土淨之旨。但執著文字，謂言：『念佛係我口念。』不知念由心念，念念不雜，念念不斷，念念是佛。佛在汝心，汝心作佛，即自己色身，成就慧身。生淨土者，亦當如是。今衆生顛倒，口雖念佛，心不契佛，我與佛殊，淨土遠矣。」

「至於唯心淨土，原教諸衆生修習禪定，一心不亂，利欲塵勞，煩惱妄想，一切棄捐。靈臺①方寸，空空洞洞，渾渾默默，湛寂無物，是名心淨。心清淨故，則我本來真佛道場，不染不穢。如今衆生修習禪定，人我妄想，憧②擾於心，貢己卑人，好諛趨利，倚大勢豪，結好貴人。其坐禪始念，不覺不知流入俗網。從前苦行，皆作富貴根源。心則不淨，如何得佛土淨？故如來昔說：『莊嚴佛土者，即非莊嚴。』善男子！若彼習禪定者，真能入佛知見，唯心淨土，佛知此人，決定成佛。彼念佛人，唯心念佛，決生淨土。二俱不然，菩提路遠，彼自失功德，勿謗如來。」

《禪宗祕密經》

注釋：①靈臺：心靈。②憧：往來不定。

語譯：那時，淨法菩薩又向釋迦牟尼佛稟問：「如來往昔說法時，教誨衆生只要清淨自心，倘若人的心清淨，則佛土清淨。現在又說一切衆生念阿彌陀佛名號，決定往生西方淨土。假若心淨則佛土淨的話，則清淨心當下成佛，何必念佛求生淨土呢？倘若生淨土必須念佛，那爲什麼如來又說一切心淨則佛土淨呢？但願如來詳說這二種法門，不致使修禪的衆生與念佛的衆生，生起疑惑，互相詆毀誹謗，障礙修行的道路。」

佛說：「善男子！如來往昔說法時，曾說過這樣兩種方便法門。然而，那些衆生不理解所說的念佛的奧義，又不體達我所說的心淨則佛土淨的旨意。只是執著文字，說什麼『念佛是我口念』。不知道念佛是內心憶念佛，念念不夾雜，念念不間斷，念念是佛。佛在你的心內，你心憶念佛，即自己的色身就可以成就佛的慧身。發願往生淨土的衆生也應當這樣。如今衆生顛倒，口裡雖然念佛，但心不契佛，自己與佛相殊，淨土便遠不可及。」

「至於說到唯心淨土，原意是教誨一切衆生修習禪定，以冀一心不亂，棄捐一切利欲塵勞，煩惱妄想。心靈方寸，空空洞洞、渾渾默默，湛寂無物，這樣方可稱作心淨。由於心清淨，則我本性的眞佛道場，不染汚不穢濁。如今衆生修習禪定，人我妄想紛擾於心，自贊貶他，阿諛奉承，唯利是趨；投靠豪門，結交貴人。這些人坐禪的起始念頭，就不知不覺地流入塵俗之網。從前的種種苦行，都權作日後富貴的因緣。心地不清淨，如何能得佛土清淨？所以我往昔曾說：『莊嚴佛土的，即是非莊嚴佛土。』善男子！倘若那些修習禪定的衆生，眞能悟入佛的知見，唯心淨土。那麼佛知道這人，決定可以成就佛果；那些念佛人，唯心念佛，決定往生西方淨土。如果這二種法門都不修持，那麼，修道的路程遙遠。那些人自己失掉功德，不可誹謗如來。」

念佛即是無上深妙禪

求無上菩提者，應修念佛禪三昧。偈云：「若人稱念阿彌陀佛，號曰無上深妙禪；至心想像見佛時，即是不生不滅法。」

《大集經》

語譯：求無上菩提的眾生，應當修習念佛禪三昧。偈語說：「倘若有人稱念阿彌陀佛，這就叫做無上甚深微妙禪；至心觀想佛像並見到佛時，就是不生不滅法。」

坐禪念佛，即得三昧

菩薩坐禪，不念一切，惟念一佛，即得三昧。

《坐禪三昧經》

語譯：菩薩坐禪，不念一切，唯獨繫念一佛，即可證得佛法正定。

淨願兼福慧，見佛往生

純想即飛，必生天上，若飛心中，兼福兼慧，及與淨願，自然心開；見十方佛，一切淨土，隨願往生。

《大佛頂首楞嚴經》

語譯：如果平生純粹落在思想中的人，神識就會上升，必定生於天上。如果只有心中的昇華意境，一生兼有福德與智慧，以及具有淨願的，自然心境開豁，可以見到十方佛的境界，便可隨願往生任何一個佛國的淨土。

禪淨四料簡

有禪有淨土　猶如帶角虎
現世為人師　來生作佛祖
無禪有淨土　萬修萬人去

若得見彌陀　何愁不開悟
有禪無淨土　十人九蹉路
陰境若現前　瞥爾隨他去
無禪無淨土　鐵牀並銅柱
萬劫與千生　没個人依怙

永明延壽大師

說明：永明大師（西元九〇四～九七五年）：諱延壽，字沖元。宋代高僧，參禪契悟，爲法眼宗嫡孫。後攝禪歸淨，專修專弘淨土。臨命終時，焚香告衆，趺坐而化，被尊爲淨宗六祖。

永明壽禪師的這個〈四料簡〉對後世影響甚鉅。印光大師曾贊嘆：「夫永明〈料簡〉，乃《大藏》之綱宗，修持之龜鑑，字字皆如天造地設。無一字不恰當，無一字能更移。」

語譯：

若人契悟心性又念佛求生淨土，

其威猛猶如帶角的老虎；
現世堪爲大衆的導師，
來生便可成佛作祖。
若人未能契悟但念佛求生淨土，
萬人修持萬人得以成就；
若得蓮花開敷，面覲阿彌陀，
又何愁不大徹大悟？
若人契悟心源而不念佛求生淨土，
十人中便有九人將會走錯路頭；
假若命終時業力所現的境界現前，
瞬刻便隨業境而去，生死茫茫未卜。
若人既未契悟又不念佛求生淨土，
前路聳峙的將是地獄的鐵牀與銅柱，
一墮惡道，縱經萬劫與千生，
再想得人身便路途遙隔難度。

禪淨修證的差異

禪與淨土，理本無二；若論事修，其相天殊。禪非徹悟徹證，不能超出生死。所以五祖戒又作東坡，草堂青復爲魯公，古今宗師，徹悟而未徹證者，類多如此。良由惟仗自力，不求佛加，絲毫惑業不盡，生死決不能出。淨土則具信、願、行三，便可帶業往生，一得往生，則永出生死。悟證者頓登補處，未悟有亦證阿鞞。所以華藏海會，悉願往生；宗教知識，同生淨土。良由全仗佛力，兼自懇心，故得感應道交，由是速成正覺。

印光大師：《印光法師文鈔》

語譯：禪與淨土，從理上說，本來無二無別；若論事修，在事相上卻有很大的差異。修禪宗不到徹悟徹證的地步，就不能超出生死。所以五祖戒禪師轉生而爲蘇東坡，草堂青和尚轉世爲曾魯公。古往今來的禪宗大師，徹悟而沒有徹證的人，大多落得像他們一樣的結局。這是由於只仗自力，不求佛力加持的緣故。如果有絲毫的惑業還未斷盡，決定不能超出生死。

淨土則只要具備信、願、行三資糧，便可以帶善業往生。一得往生，則永遠超出生死輪迴。悟證者頓登一生補處佛位，未悟者也可證入不退轉地。所以華藏海會諸法身大士，都發願往生西方極樂世界；宗門教下諸善知識，共願往生淨土。這是由於全仗佛力加持，加上自己懇切心誠，所以能得感應道交，由此速成無上正覺。

禪淨無二，根機有別

禪淨無二也，而機自二。初進者，似不可會通，當求一門深入。果發明大理，不妨念佛。果將一句彌陀，念教不念自念，究竟到一心不亂，則惟心之理，不言可喻，又何妨發願往生乎？

如專意淨土，當發大心。其大心者，即菩提心。斯亦菩提之心，比爲已生者，日劫相倍也。只念佛決得往生，況有果位中佛接引攝受耶？

元來禪師：《無異元來禪師廣錄》

說明：元來禪師（西元一五七五～一六三〇年）：明代禪宗大師，通融教宗。晚歲示疾，有人進問：「去來自在云何？」元來禪師索筆，大書「歷歷分明」，擲筆趺坐而化。

語譯：禪宗與淨宗無二無別，然機緣自有差異。初發心修行者，最好不要禪淨並修，應當求一門深入。果眞參究有悟，並不妨礙念佛。果能將一句阿彌陀佛，念到不念自念，究竟到一心不亂的境界。那麼，萬法唯心的道理便不言而喻。又何妨發願往生西方極樂世界呢？

如果專志修行淨土，應當發大心，所謂大心即是菩提心。這個救度衆生的菩提心，比只爲自己往生求享樂的心，何止一日與一劫的懸殊。我們只要念佛就決定能夠往生，何況還有果位中的阿彌陀佛接引攝受呢！

以佛號作話頭

念佛審實公案者，單提一聲阿彌陀佛作話頭，就於提處，即下疑情，審問者（這）念佛的是誰？再提再審，審之又審，見者（這）念佛的畢竟是誰？如此靠定話頭，一切妄想雜念，當下頓斷。如斬亂絲，更不容起，起處即消。唯有一念，歷歷孤明，如白日當空妄念不生，昏迷自退，寂寂惺惺。

忽然打破漆桶，頓見本來面目。則身心世界，當下平沈，如空華影落；十方圓明，成一大光明藏。若悟本心本來無物，本來光明廣大，清淨湛然。如此任運過時，又豈有甚麼工夫可做耶？

憨山大師：《憨山老人夢遊集》

語譯：念佛審究公案的修行人，單提一聲阿彌陀佛作話頭，就在所提的佛號處，即生起疑情，審問這念佛的是誰？這個疑團，一再提起，再三審問，審問又審問，看看這念佛的畢竟是誰？就這樣靠定話頭，一切妄想雜念當下頓斷，如同揮劍斬斷亂絲，更不容雜念再起。雜念若起，當處消滅。唯有這一念阿彌陀佛，歷歷孤明，譬如白日當空，妄念不生起，昏迷自會消退，寂寂而惺惺（清醒）。

忽然間打破漆桶，頓時徹見本來面目。則身心世界，當下平沈，如同空花的幻影落下。十方世界，圓通明徹，匯爲一大光明藏。倘若契悟本心本來無一物，本來光明廣大，清淨澄澈。這樣便可自然隨緣度日，又有什麼工夫可做呢？

參禪念佛，相輔相成

古謂：「參禪不礙念佛，念佛不礙參禪。」又云：「不許互相兼帶。」然亦有禪兼淨土者，如圓照本、真歇了、永明壽、黃龍新、慈受深等諸師，皆禪門大宗匠，而留心淨土，不礙其禪。故知參禪人雖念念究自本心，而不妨發願，願命終時，往生極樂。所以者何？參禪雖得個悟處，倘未能如諸佛住常寂光，又未能如阿羅漢不受後有，則盡此報身，必有生處。與其生人世而親近明師，孰若生蓮花而親近彌陀之爲勝乎？然則，念佛不惟不礙參禪，實有益於參禪也。 蓮池大師：《竹窗隨筆》

語譯：古德曾說：「參禪不妨礙念佛，念佛不妨礙參禪。」又說：「不允許互相兼帶修持。」然而也有參禪兼修淨土的人。例如圓照本、眞歇了、永明壽、黃龍新、慈受深等諸位大禪師，皆是禪門大宗匠，然而留心淨土，不礙參禪。由此可知，參禪人雖然念念參究自己的本心，而並不妨礙發願。願命終時，往生西方極樂世界。爲什麼要發願往生呢？參禪雖然得到開悟，倘若不能如同諸佛一樣安住常寂光土，又不能像阿羅漢那樣不再受生死身。那麼，這個業報身命終，必定又要隨業報生。與其生在人世間而親近明師，那裡能比得上蓮花化生而親近阿彌陀佛呢？可見，念佛不僅不妨礙參禪，實在有益於參禪。

執有執無、皆成戲論

二僧遇諸途，一參禪，一念佛。參禪者謂：「本來無佛，無可念者，佛之一字，吾不喜聞。」念佛者謂：「西方有佛，號阿彌陀，憶佛念佛，必定見佛。」執有執無，爭論不已。有少年過而聽焉，曰：「兩君所言，皆徐六擔板①耳。」二僧叱曰：「爾俗士也，安知佛法？」少年曰：「吾誠俗士，然以俗士為喻，而知佛法也。吾梨園子也，於戲場中，或為君，或為臣，或為男，或為女，或為善人，或為惡人。而求其所謂君、臣、男、女、善、惡者，以為有，則實無；以為無，則實有。蓋有是即無而有，無是即有而無；有無俱非真，而我則湛然常住也。知我常住，何以爭為？」二僧無對。

蓮池大師：《竹窗隨筆》

注釋：①徐六擔板：譬喻執著一端，不知變通。

語譯：有兩個僧人，一個是參禪的，一個是念佛的，二人在路上相遇。參禪僧說：「本來就沒有佛，有什麼可念？『佛』這個字眼，我聽都不愛聽哩！」念佛僧說：「經中明明說：『西方有佛，名叫阿彌陀。憶佛念佛，現生必定見佛。』」一說有佛，一說無佛，爭論不休。有一路過的少年聽了他們的爭執，便說：「二位君子所說的，都如徐六擔板——各執一端啊！」二僧人叱責：「你這個俗人，怎能懂佛法？」少年說：「我固然是俗人，然而以俗人作譬喻，也能懂一些佛法。我是演員，在戲臺上，我或扮演君主，或扮演臣子，或扮演男性，或扮演女人，或扮作善人，或扮作惡人，如要尋求所謂的君、臣、男、女、善人、惡人，你認爲有，實際卻無；你以爲無，則又眞實存有。在這裡，有是無中的有，無是即有而無。有與無都不是眞實的，只有本來的眞我依然常住。我懂得自己本有眞常住不失，又有什麼可爭論的呢？」二僧人聽了，瞠目結舌，無言以對。

境風浩大，念佛作主

若一味說無相話以爲高，則資性稍利者，看得兩本經論，記得幾則公案，即便能之，何足爲難！且汝既了徹自心，隨處淨土，吾試問汝：「還肯即廁溷①中，作住止否？還肯就犬豕馬牛，同槽而飲啖否？還肯入丘冢②，與臭腐屍骸同睡眠否？」於斯數者，歡喜安穩，略不介意，許汝說高山平地總西方。其或外爲忍勉，內起疑嫌，則是淨穢之境仍分，憎愛之情尚在；而乃開口高談大聖人過量境界，撥無佛國，蔑視往生，可謂欺天誑人，甘心自昧。苦哉！苦哉！

又汝若有大力量、有大誓願，願於生死海中，頭出頭沒，行菩薩行。更無畏怯，則淨土之生，吾不汝强；如或慮此土境風浩大，作主不得；慮諸佛出世難值，修學無由，慮忍力③未固，不能於三界險處，度脫衆生；慮盡此報身④，未能永斷生死，不受後有⑤；慮後有既在，捨身受身，前路茫茫，未知攸往；則棄淨土而不生，其失非細。此淨土法門似淺而深，似近而遠；似難而易，似易而難；他日汝當自知。

蓮池大師：《雲棲法彙》

注釋：①溷：廁所。②冢：墳墓。③忍力：忍辱之力。又謂安住真如實相之力。④報身：業報之身。⑤後有：未來之果報，後世之心身。

語譯：倘若總是說一些無相無念的話以為高妙，那麼天資稍為敏利的人，看得幾本經論，記得幾則禪宗公案，即可做到這點，不會有什麼困難。你既然徹悟自心，說什麼隨處都是淨土。那麼我試問你：「你還肯住在廁所中否？還肯與狗、豬、馬、牛同糟飲食否？還肯入荒山墳墓與發臭腐爛的屍骸一起睡眠否？」如果對這幾項，歡喜安穩，略不介意，方許可你說高山平地總是西方極樂世界。如果外表忍耐勉受，內心生起疑慮嫌惡；則仍在分別淨穢的境界，還存在憎愛的情感。以此心態而高談闊論大聖人的超情離見的境界，否定佛國的存在，蔑視往生淨土，這就叫做欺天誑人，甘願蒙昧自己的心靈，痛惜！痛惜！

另外，你倘若有大力量、發大誓願，願於生死海中頭出頭沒，行菩薩道，不再有畏懼怯弱，那麼，我不勉強往生淨土。如果或是憂慮這個娑婆世界境風浩大，自己做不了主；憂慮諸佛與世難遇，修學佛法無路；憂慮盡此業報之身，未能永斷生死，不再有後世的身心果報；憂慮既然還得受果報，捨此身受他身，前路茫茫，不知向何處去；如有以上諸多憂慮，那麼，摒棄淨土而不往生，其失誤就非常鉅大。這個淨土法門看似淺陋實則深奧；看似顯近實則邃遠；看似艱難實則容易；看似容易而又艱難。他日以後，你自會明白其中的奧妙。

念佛比參禪直截痛快

《觀經》「是心作佛，是心是佛」二語，較之禪宗「直指人心，見性成佛」，尤爲直截痛快。何也？以見性難而作佛易故。何爲見性？離心意識，靈光迸露，始爲見性，故難。何爲作佛？持佛名號，觀佛依正，即爲作佛，故易。經云：「汝等心想佛時，是心即是三十二相，八十種好。」豈非以想念於佛，即爲作佛耶？夫成佛是佛，理無二致；而見性作佛，難易相懸若是。豈非念佛較之參禪，尤爲直截痛快也哉？

徹悟禪師：《徹悟禪師語錄》

語譯：《觀無量壽經》中的「是心作佛，是心是佛」這兩句話，比起禪宗的「直指人心，見性成佛」更爲直截了當，痛快淋漓。爲什麼呢？因爲見性難而作佛易。什麼叫做見性呢？離開心意識，內在靈光迸露，才可叫做見性，所以很難。什麼叫做作佛呢？持念阿彌陀佛名號，觀想阿彌陀佛的正報（佛的三十二相，八十種好）與依報（極樂世界的種種殊勝莊嚴），這就叫做作佛。所以說很容易。《觀經》說：「你們心裡憶佛念佛時，這心就是三十二相，八十種隨形好。」這豈不是由於憶佛念佛，就是作佛嗎？成佛與是佛，在道理上沒有兩樣。然而，見性與作佛，難易卻懸殊很大。這不正說明，念佛比參禪更爲直截痛快嗎？

參禪念佛，境界同一

參禪與念佛，在初發心的人看來是兩件事，在久修的人看來是一件事。參禪提一句話頭，橫截生死流，也是從信心堅定而來。若話頭把持不住，禪也參不成。若信心堅定，抱著一句話頭參去，直待茶不知茶，飯不知飯，工夫熟處，根塵脫落，大用現前；與念佛人工夫熟處，淨境現前是一樣的。到此境界，理事圓融，心佛不二；佛如衆生如，一如無二如，差別何在？

虛雲大師：《虛雲法彙》

語譯：參禪與念佛在初發心的人看來是兩件事，在久修的人看來是一件事。參禪提一句話頭，橫截生死流，也是從信心堅定而來。如果沒有信心，話頭把持不住，禪也參不成了。若是信心堅定，死抱著一句話頭參去，直至茶不知茶，飯不知飯，等到工夫成熟，根與塵同時脫落，大用現前。這和念佛人工夫成熟，淨境現前是一樣的。到了這一境界，就理與事圓融，心與佛不二了，哪裡還有什麼差別存在呢？

靜坐念佛，心心相續

佛法無高下，根機有利鈍。其中以念佛法門最爲方便穩妥。靜坐是教行人返觀自性的方便方法。其要在於繫念一句佛號，心心相續，念念相續；由心而出，從耳而入，莫令間斷。果能如斯，則更無餘緣雜入矣。若能久久不退，彌勤彌專，轉持轉切，不分行住坐臥，豈覺動靜閑忙，便可一直到家，永生安養。

虛雲大師：《虛雲法彙》

說明：虛雲大師（西元一八三九～一九五九年）：近代禪宗大師。法名古巖，字德清，湖南湘鄉人。初習儒籍，十七歲出家，習參禪法，遍參求益，久參方契悟心源，幾十年來，弘化法緣甚盛。一九五九年圓寂於江西雲居山眞如寺，世壽一百二十歲。有《語錄》、《開示錄》，《自敍年譜》傳世。

語譯：佛法是平等的，沒有高下之別；但是，衆生的根機有利有鈍。爲了適應衆生的根機，佛法中以念佛法門最爲方便穩妥。靜坐念佛是教人返觀自性的方便方法。它的要點在於把心念放在一句佛號上，心與心相契合，念與念相接續。由心而出，從耳而入，不要使它間斷。如果能這樣的話，就不會再有雜念進來了。這樣，久久精進不退，愈勤愈專，愈持愈切，不分行住坐臥，也不覺動靜閑忙，專一眞誠地念去，便可一直到家。永遠生在西方極樂世界。

念佛攝心，忽然悟去

凡夫放心，初學攝心，後乃得心。攝心非止一法，功高易進，念佛爲先。想起時，不須別作除滅，但舉「阿彌陀佛」四字，盡力挨拶，便是攝心工夫。忽然悟去，名曰得心。今見六祖道：「本來無一物，何處惹塵埃？」便將神秀「時時勤拂拭」之句，藐視如一莖草。不知時時拂拭正學者今日事也。

蓮池大師：《蓮池遺稿》

語譯：凡夫放縱其心，初修學的人攝心，然後方能得心。攝心不止一個法門，若論功效高而容易修持的，無過於念佛法門。妄想生起時，不須另外作除滅妄想的工夫。只要持念「阿彌陀佛」四字，盡力提起，這就是攝心工夫。念佛久了，忽然悟入，就叫做得心。如今只見六祖惠能大師說：「本來無一物，何處惹塵埃？」便將神秀大師的「時時勤拂拭」之句，藐視到等同一莖草的地步。殊不知，「時時拂拭」正是修學者今日亟須做的事。

念佛可以開發智慧

問：「今一意念佛，能發慧否？」答：「看教如讀醫書，心地用功如服藥，先明教自是正理。學道人貴在審辨邪正、大小、偏圓而已，無暇遍覽，可只看《楞嚴》。既修淨土，其淨土諸書，俱要看過。卻放下文字一心念佛。所云：『慧者？』通曉經教，善演說而空談諸口，無得於心者，狂慧也。真參實語，乃名正慧。明教後，一心念佛，當發此慧。」

蓮池大師：《蓮池遺稿》

語譯：問：「如今一心一意念佛，能否開發智慧？」答：「看經教如讀醫書，心地用功如服藥，首先弄明白教義自是正理。學道人貴在審辨邪正、大小、偏圓。沒有閑暇遍覽經書，可以只讀《楞嚴經》。既然修持淨土，其淨土諸多經論，都要看過。然後放下文字，一心念佛。所問：『智慧是什麼呢？』那種通曉經教，善於演說，空談玄妙，而心無證悟的，屬於狂慧。那種眞參實悟的，才可稱爲正慧。通達經教後，一心念佛，便可發露這種智慧。」

花開見佛與明心見性

真修淨土者，時時觀照心念——或用念佛觀，或用淨土莊嚴和阿彌陀佛聖像作觀，更或觀自身即彌陀等，不令攀緣住著。才有念起，即凜覺轉空。或提起佛念，化去妄念，不使相續。久久專注，努力用功，時節因緣到來，忽然能觀與所觀，能念所念，頓時脫落。彌陀真性，灼然現前。親見法身，即當下現在淨土。這在禪宗謂之「明心見性」，在淨宗謂之「花開見佛悟無生」。語雖異而義則一，故禪淨不分家也。

元音老人：《略論明心見性》

語譯：真修淨土的，應該時時觀照心念——或用念佛觀，或用西方淨土的殊勝莊嚴和阿彌陀佛的聖像作觀，還可以把自身看做就是阿彌陀佛。但決不能念念攀緣住著於世俗雜務。才有妄念起來，就立即凜然警覺，轉而為空。或提起佛念化去妄念，不使相續。久久專注，努力用功；時節因緣到來，忽然能觀與所觀、能念與所念頓時脫落；彌陀灼然現前。親見法身，那就是當下現在淨土。這在禪宗就叫做

「明心見性」，在淨宗就叫做「花開見佛悟無生」。語辭雖然不同，而意義則沒有二樣。所以，禪淨在本質上是不分家的。

念佛是以淨想轉染想

今果能以妄想心，轉爲念佛，則念念斷煩惱；若念念能斷煩惱，則是念念出生死。果能以念佛之一念不移，一心不亂，比參禪更有下落。總之，惟在一念真切耳。但參禪定要死盡世心，不容一念妄想。念佛是以淨想轉染想，以想除想，乃轉換之法，就吾人根器易爲耳。

憨山大師：《憨山老人夢遊集》

語譯：如今果能以妄想心轉而念佛，則念念可以斷煩惱；倘若念念能斷煩惱，則是念念跳出生死。果能以念佛的一念堅固不移，一心不亂，則比參禪更有下落。總之，念佛貴在一念眞實懇切。但參禪卻一定要灰心滅智，不容存有一念妄想。念佛是以淨想扭轉染想，以想除想，乃是轉換意念的法門。就我們的根器來看，是容易修行的。

淨幻與染幻

須知起念即妄，念佛之念，亦妄非真。何以故？真如之性，本無念故。但因凡夫染念不停，不得已，故藉念佛之淨念，治其住塵之染念。蓋念佛之念，雖非真如之本體，卻是趨向真如之妙用。何以故？真如是清淨心，念佛是清淨念，同是清淨，得相應故。所以念佛之念，念念不已，能至無念，故曰勝方便。極樂世界，亦是幻相，然而不可不求願往生者，淨幻非同染幻也。何以故？清淨土本由清淨心顯現故，所謂心淨則土淨也。

江味農居士：《金剛經講義》

語譯：應該知道，不管善念惡念，只要一起念，那就是妄。念佛的念也是妄，不是眞。爲什麼呢？因爲眞如之性本來是無念的。但由於凡夫染念不停，不得已，藉念佛的淨念，來對治住著於塵濁的染念。因爲念佛的念，雖不是眞如的本體，但卻是趨向眞如的妙用。爲什麼呢？因爲眞如是清淨心，佛念是清淨念，二者同是清淨，這樣就能得到相應。所以念佛的念，念念不息，就能達到無念，因此，說是勝方便。

西方極樂世界也和娑婆世界一樣，同是幻相，然而不可不求願往生西方極樂世界。這又是爲了什麼呢？因爲極樂世界是淨幻。淨幻不同於染幻。又因爲西方淨土，本來就是從清淨心顯現的，所謂「心淨則土淨」啊！

念佛即是「無住生心」

五十年前，弟（黃念祖居士信中自稱）第一次讀佛典，看《金剛經》，深體「無住生心」之妙。當時便領會得，以凡夫心，欲臻此境，唯有念佛或持咒也。蓋放下一切，即是「無所住」，一句佛號聲聲相續，即是「生其心」。倘欲抽減念佛時間以習定，則更是大錯。念佛是易行道，餘者皆難行道，乃龍樹菩薩之開示。若去此易行之道，反趨坎坷之途，何其顛倒之甚也！

黃念祖居士：《谷響集》

念佛即是修止觀

我常勸大家走念佛法門的路子，照《十六觀經》的修法去修，不管你修禪宗、淨土、密宗，或其他任何宗派，都是一樣的。只有一個法門——止觀，也就是定慧，先求止，把第六意識先拴在一個緣上，求到止。

自己假立這個緣，看你能不能做到：「一念萬年，萬年一念。」假如你觀想阿彌陀佛，或者觀音菩薩，任選一尊，如果觀不起來，可觀想佛印堂前面這一點亮光，或者頂上一個圓光，或胸口的卍字，先抓住一點，這是假立。

南懷瑾老師：《如何修證佛法》

㈨、臨終津梁

臨終正念

凡人臨命終時，欲得往生淨土者，須先準備，不得怕死貪生。常自思念我現在之身，多有衆苦，不淨苦業，種種交纏；若得捨此穢身，即得往生淨土，受無量快樂；見佛聞法，離苦解脫，乃是稱意之事。如脫臭敝之衣，得著珍御之服。放下身心，莫生貪著。才有病患，莫論輕重，便念無常，一心待死。

須囑家人、看病人、往來人，凡來我前，但爲我念佛，不得說眼前閑雜之事，家緣長短之事。亦不須軟語安慰，祝願安樂，此皆是虛華無益之語。及至病重，家人親屬不得來前垂淚哭泣，惑亂心神，失其正念。但教記取阿彌陀佛，守令氣絕。更或有明解淨土之人，頻來策勵。如此者，千萬往生，必無疑慮也。

善導大師：據彭際升編《念佛警策》

語譯：凡人臨命終時，如欲往生西方極樂世界，必須先作準備，不得怕死貪生。經常自我思惟：我現在的身體有衆多的痛苦、不淨、苦、業障，這些都來交迫纏繞，假若能夠捨棄這個穢汚的身體，便能往生西方淨土，享受無量快樂；見佛聞法，離諸苦患，解脫生死；這正是稱心快意的事情。猶如脫下臭汚敝舊的衣裳，換上珍珠御賜的服飾。所以，應當放下身心，不貪戀執著世間的榮華。才有病患，不論輕與重，便痛念無常，一心待死。

必須囑咐家人、看病的人、往來人，凡來我面前，只可為我念佛，不得說眼前閑雜的事情，家境長短的事情。也不須輕言軟語的安慰，祝願安樂康復等，這些都是虛華無益的套語。等到病重時，家人親屬不得前來垂淚哭泣，惑亂臨終人的心神，使臨終人失掉正念。這時，只教臨終人念阿彌陀佛名號，守住這個佛號直到斷氣，或者明白淨土宗的善知識，常來鞭策鼓勵臨終人。能這樣去做，決定往生西方極樂世界，這是沒有疑慮的。

臨終三要

今列三要，以爲成就臨終人往生之據。語雖鄙俚，意本佛經。遇此因緣，悉舉行焉。言三要者。第一、善巧開導安慰，令生正信。第二、大家換班念佛，以助淨念。第三、切戒搬動哭泣，以防誤事。

果能依此三法以行，決定可以消除宿業，增長淨因，蒙佛接引，往生西方。

印光大師：《印光大師全集》

語譯：現今開列三個要點，以爲成就臨終人往生的憑據。語言雖俚俗，意思都來自佛經。遇到這個機緣，都寫出來，這三個要點是：第一、善巧開導安慰臨終人，令其生起正信。第二、大家換班念佛，以助臨終人的淨念。第三、切忌搬動臨終人，或在旁哭泣，以防耽誤其人往生的大事。

果能按照這三法而行，決定可以消除臨終人的宿業，增長淨土的緣分，蒙阿彌陀佛接引，往生西方極樂世界。

臨終十念，勢如破竹

一切衆生臨終之時，刀風解形，死苦來逼，生大怖畏。是故遇善知識，發大勇猛，心心相續，十念即是增上善根，便得往生。又如有人對敵破陣，一形之力一時盡用，其十念之善亦如是也。又若人臨終時，生一念邪見增上惡心，即能傾三界之福，即入惡道也。

龍樹菩薩：《大智度論》

語譯：一切衆生臨命終時，如刀的業風摧解形體，死苦競來逼迫，生大怖畏。由於遇到善知識講演淨土法門，發大勇猛心，心心相續稱念阿彌陀佛。這樣的十念就是增長善根，便得往生西方極樂世界。又譬如有人對敵破陣，身心的力量一時全都用上。這十念念佛的善力也同盡力衝破敵陣一樣。另外倘若人臨終時，生起一念邪見增上惡心，即能傾毀三界（欲界、色界、無色界）的福報，當即墮入惡道。

臨終三疑，不生淨土

念佛人，臨終三疑，不生淨土。一者，疑我生作業極重，修行日淺，恐不得生。二者，疑我雖念彌陀，或有心願未了，及念瞋、癡、愛未息，恐不得生。三者，疑我雖念彌陀，臨命終時，恐佛不來接引。有此三疑，因疑成障，失其正念，不得往生。故念佛之人，切要諦信佛經明旨，勿生疑心。經云：「念阿彌陀佛一聲，滅八十億劫生死重罪。」上至一心不亂，下至十念成功。接向九蓮，令辭五濁。苟能心心不昧，念念無差，則疑情永斷，決定往生矣。

慈照宗主：《淨土十門》

說明：慈照宗主（西元？～一一六六年）：宋代高僧。俗姓茅，出家修習止觀禪法，有悟，後專弘淨土，倡導禪淨一致，信願念佛，往生西方淨土。

語譯：念佛人臨命終時，如果有三種疑慮，便不得往生西方極樂世界。第一、疑我生前造的業極重，修行時間短，恐怕不得往生。第二、我雖然念阿彌陀佛，或者心願未曾了結，以及貪、瞋、癡愛未曾息滅，恐怕不得往生。第三、疑我雖然念阿彌陀佛，臨命終時，恐怕阿彌陀佛不來接引。有這三種疑慮，因這疑慮而成障礙，失掉正念，便不得往生西方極樂世界。所以，念佛的人，一定要堅信佛經明確的旨意，不生疑心。《觀無量壽經》說：「念阿彌陀佛一聲，滅八十億劫生死重罪。」上至一心不亂，下至念佛十聲，都能蒙佛接引，九品往生西方淨土，辭別五濁惡世。衆生如果能夠心心不昧，念念無差錯，疑情便能永遠斷盡，決定能得往生西方極樂世界。

(十)、一則現生證得念佛三昧的記述

現生證得念佛三昧

省一大師，俗姓高氏，楊州江都縣人。世為農家，年十二，因喪母，欲出家，阻於父命。年十九，乃薙染於天峯寺，受具戒於揚州天寧寺。聞淨土法於焦山僧，專志數年，復發願閉關，刻期求證。凡百二十日，覺妄念紛如，期滿無所得。大恨，規再舉。

初時雜念如故。至五十日，猶未已。師大戚，彌加懇摯。約二十餘日，覺妄念漸息，意稍慰。又久之，覺妄念之擾，日不過三五至，即見彌陀佛卓立空際，金容炳然，莊嚴微妙，不可名狀。師禮拜已，私念曰：「佛已在前，溷溺臥寐，皆不便，奈何？」已而灑然曰：「父母於子，猶不以污穢為嫌，況佛哉？」由是勇猛精進，持誦益虔。

又久之，心境廓然，與太虛同。善念惡念，及微細雜念，纖毫不存。動靜如一，心口之際，惟餘佛名，欲求妄念，亦了不可得。至是神氣倍充，不復臥寐，亦無飲渴，食至則食，亦無所苦，外境則光明洞徹，極樂此土，渾合爲一；所居之室，牆壁皆隱，諸佛、菩薩，充滿太空，金地蓮池，七寶行樹，及空際地上，宮室樓臺，目力所居，多不勝數。所行坐處，境界如一，光耀無間。

見前有寶蓮華二，華上天人，貌與諸菩薩同，而神似其父母。才一注視，其一人已緩步至前，果母也。欣然謂師曰：「汝以我故，發心出家，汝今證道，我與汝父，亦以汝故，得超生淨土。今奉佛飭，特來慰汝。」師方起立，母止之曰：「佛正在前，不可以我故，擾汝定力，汝志已慰，他日淨土好相見也。」言已，遂隱，再視寶蓮，則與大地衆華，披拂相揉，迷不知處所矣。

自證三昧後，心境淨境，不變不退，直至期滿出關乃已。師言：「當在關時，心境寂然，不知久暫，及既出，追溯其時，蓋不啻二十日云。」

師證三昧時，年幾三十，後雖爲無事道人，終日念佛繙經，未嘗自怠。每戒人曰：「認真念佛，佛不汝欺也。」又曰：「苟證三昧，往生乃可必，然不能閉關禁語，一心持誦，三昧無由證也。」

摘自駱季和：《淨土三要述義》

語譯：省一大師，俗姓高，揚州江都縣人，世代務農。省一大師十二歲時，母親去世，便萌發出家的念頭，由於父親不同意未成。十九歲時，在天峯寺剃度出家，在揚州天寧寺受三壇大戒。後來在焦山僧處聽聞到淨土法門，便專志念佛數年；又發願閉關念佛，刻期求證。閉關念佛一百二十日，感覺妄念馳逐紛紛，閉關期滿，沒有收穫。生大慚愧，決定再閉關一百二十日。

起初雜念仍然紛呈，到第五十日，還是控制不住妄想。省一大師大爲悲戚，而更加懇切誠摯地念佛，約又過了二十餘天，覺得妄念漸漸停息，這時心稍寬慰。又過了一些時日，覺得妄念的干擾，一天不過有三次到五次。心清淨時，即見阿彌陀佛卓然聳立虛空中，金色容顏，光輝燦爛，其莊嚴妙好非語言所能描畫。省一大師長跪禮拜後，私自念言：「阿彌陀佛已現在面前，上廁所大小便，臥牀睡覺都不恭敬，怎麼辦呢？」繼而寬慰地自言：「父母對於子女，尚不嫌棄其污穢，何況是大慈大悲的阿彌陀佛？」因而，更加勇猛精進，更加虔誠地誦念阿彌陀佛。如此又過了許久，心境漸漸開廓坦蕩，如同太虛。心地中不存纖毫的善念惡念及微細雜念，動與靜渾然一體。心念口誦只是阿彌陀佛的名號，想找尋雜念，也了不可得。到這時，神氣加倍充沛，不再臥牀睡覺，也沒有饑渴之感。食物來了便吃，也沒有什麼苦患。外面的境物則光明洞徹，極樂世界與娑婆世界融洽為一體。所居住的寮房，牆壁都隱而不見。眾多的佛、菩薩充滿太空，黃金地、蓮花池、七寶行樹，以及虛空和地上的宮殿樓臺，極目所視，多不可勝數；所有經行、靜坐的地方，境界都是一樣。光輝遍照，無不周遍。

省一大師睹見面前有二個寶蓮花，蓮花上的人，容貌與諸菩薩相同，而神態很像父母。省一大師剛投目注視，其中一人已經緩步來到了省一大師面前。呵！果然是他的母親。其母欣然地對省一大師說：「你由於我的原因，發心出家。你如今證得道果，我與你的父親，也憑藉你的修證，得以超生西方淨土。我今天奉阿彌陀佛的飭令，特來安慰你。」省一大師正要站起來，他母親阻止說：「阿彌陀佛正在你的面前，不可以由於我而干擾你的定力，你的志願已經達到，他日在西方極樂世界再相見。」說完，便消隱不見。再視剛才兩朵蓮花，則與大地上眾多的蓮花搖曳相揉，不知其所處的地方了。

省一大師自從證到念佛三昧後，心地清淨，外境亦隨之清淨，不改變不退失。直到一百二十天期滿出關，淨境才消失。省一大師說：「正當閉關念佛時，心境寂然，不知道時間的長短，及到出關，回憶追溯時間，才不過二十天而已。」

省一大師證得念佛三昧時，才將要三十歲。後來雖是無事道人，但終日念佛誦經，未嘗懈怠。他經常勸誡他人：「認眞念佛，佛不會欺騙你的。」又說：「如果證得念佛三昧，必定可得往生；然而如果不閉關禁語，一心持誦佛號，念佛三昧就難證得。」

國家圖書館出版品預行編目資料

持名念佛修淨業：淨土信仰的持名念佛與斷惡修善／大安法師著. -- 初版. -- 新北市：華夏出版有限公司, 2023.12
面；　公分. --（大安法師作品集；03）
ISBN 978-626-7296-65-3（平裝）
1.CST：淨土宗

226.55　　112011708

大安法師作品集 003
持名念佛修淨業：淨土信仰的持名念佛與斷惡修善

著　作　大安法師
印　刷　百通科技股份有限公司
電話：02-86926066　傳真：02-86926016
出　版　華夏出版有限公司
220 新北市板橋區縣民大道 3 段 93 巷 30 弄 25 號 1 樓
電話：02-32343788　傳真：02-22234544
E-mail：pftwsdom@ms7.hinet.net
總 經 銷　貿騰發賣股份有限公司
新北市 235 中和區立德街 136 號 6 樓
電話：02-82275988　傳真：02-82275989
網址：www.namode.com
版　次　2023 年 12 月初版一刷
特　價　新台幣 400 元（缺頁或破損的書，請寄回更換）

ISBN-13：978-626-7296-65-3